JN026216

# 松下幸之助直伝
# 社長の心得

最後の弟子が身近で学んだ
成功する「経営者」のあるべき姿

Katsuhiko Eguchi
江口克彦

笠間書院

# まえがき

「経営の神様」と世界中から称賛された松下幸之助の晩年23年間を、間近で仕事をしたが、松下の人生は、明らかに「弱さからの出発」であった。松下4歳のとき、父親が米相場に手を出し、ものの見事に失敗する。そのために小金持ちだった松下家は、祖先伝来の田地田畑を人手に渡し、一家離散となる。両親を入れて10人家族は、ある者は、和歌山市内に、ある者は、大阪に奉公、働きに出る。松下も9歳のとき、小学校4年中退で、大阪船場《せんば》の火鉢屋に丁稚《でっち》として奉公に出される。すぐに火鉢屋が倒産する。次に五代自転車商会に入る。加えて、親兄姉《おやきょうだい》は、ほとんどが、松下の10代のうちに結核で亡くなっている。松下自身も、20歳前後のころ、結核の初期の肺尖《はいせん》カタルに罹患している。後年、さすがに、来るべきものが来たと、雑談しながら話してくれたことがあるが、そういうこともあって、94年の生涯を通じて、養生しながら、日々暮らしていた。蒲柳《ほりゅう》の質は、生涯、消えることはなかった。カネはなし、家族はなし、故郷はなし、学問はなし、健康はなし。いわば、「ないない尽くしの人生の出発」であった。当然、松下幸之助には、頼る、相談する相手はいなかった。

それゆえに、すべてのことに対して、自問自答しなければならなかった。自問自答しながら、究極、「絶対的精神的支柱」、「心の戻り場所」を確立しなければならないと思ったに違いない。そうでなければ、自分自身の生きている「確かさ」を実感することはできない。

そして、その「支柱」を確立するために、あるときは、多くの人たちの話を聞き、あるときは、釈迦《しゃか》や達磨《だるま》のように沈思黙考する。その繰り返しによって、昭和46年（1971）に、いわば、「根源の哲学」（『人間を考える』）を自ら確立する。それまでに、松下は、その信念、思考、思想の片々を、人生に、経営に活用し、自らをも毅然《きぜん》として律している。

こうした「絶対的精神的支柱」は、私が松下幸之助の後に、34年間にわたって私淑した、台湾元総統・李登輝《りとうき》にも同様なことが言える。ただ、李登輝の場合は、松下とは真逆で、恵まれた幼少期を過ごしている。しかし、中学のとき、恵まれ、甘やかされている自分に、このままでは、自分はスポイルされると自ら考え、家を出て、「自分探し」のため、遠く離れた淡水《たんすい》中学に入っている。便所掃除を素手でし、猛烈に読書し、京都大学、そして、コーネル大学に学び、その後、総統に上り詰めている。当然、その間、日本の軍隊に召集されている。

李登輝の人生は、「絶対的精神的支柱を求めての旅路」であった。万巻の書を読んだ末に、行きついたところが、『聖書』であった。それが、李登輝の『絶対的精神的支柱』となる。

李登輝は、自らの人生も、政治も、『聖書』に基づき、毅然として律していた。

いずれにしても、松下幸之助も李登輝も、「絶対的精神的支柱」、言い換えれば、「心の戻り場所」、「経営の戻り場所」、「政治の戻り場所」を確立したことが、彼らが、それぞれの分野で、大きな成果を上げることに寄与していることは論を俟《ま》たない。

本書から、とりわけ、松下幸之助の、一貫した「絶対的精神的支柱」をお汲《く》み取りいただければ、幸いである。

なお、本書は、時局社の『時局』に現在も連載中の「松下幸之助直伝　経営者心得帖」の105篇の中から、数十篇を選び、抽出している。本書出版のご許可を快くお許しいただいた、時局社の『時局』編集長・高津眞裕美氏に心から感謝申し上げる。

また、本書上梓にあたって、担当してくださった笠間書院執行役員の吉田浩行氏に、抽出、タイトルなど、詳細にわたって、さまざまなご示唆をいただいた。改めて、厚くお礼を申し上げる。

令和5年6月18日
平河町にて
江口克彦

目次

## 第2章　企業としての心得・商売の心得　松下幸之助が実践したこと

## 第3章 人づくり・組織づくりの心得 松下幸之助がつくりあげたこと

# 第4章 経営者の心得 松下幸之助が到達した心

# 第1章

# 経営の心得

## 松下幸之助が考えたこと

# 経営成功の要因

松下幸之助は、なぜ経営者として大きな成功を収め、苦境、不況をいくつも乗り越えてくることができたのか。それは、何といっても社員を大事にしたことに尽きる。社員を大事にし、成長させることによって、お客さまが評価してくださる良質の製品をつくった。その松下の「社員大事」、そして当然「お客さま大事」の根本哲学は、「人間大事」という理念から生み出されている。そのことがわかっていなければ、松下を理解し、理念を継承しているとは言えない。昨今は経営業績だけを振り返って、それだけであたかも松下の考えや哲学を理解したと思っているような一知半解の人が多い。

松下は宇宙観、世界観、人間観、死生観など、独特の「松下哲学」を構築している。その「松下哲学」を根底としながら、「松下経営哲学」「松下政治哲学」「松下教育哲学」「松下人生哲学」「松下社会哲学」などを生み出している。「松下哲学」から派生した数々の理念である。

したがって、松下の経営について、あるいは政治への考えについて論じ、発言する人は、せめて松下が自らの哲学を著《あらわ》した『人間を考える』の冒頭に短くまとめられた「新しい人間観の提唱」を繰り返し読み、読み解かなければならないと思う。そうすれば多分、「人間大事」という哲学のエッセンスを理解、認識、納得することができるだろう。

松下はあるとき、雑誌記者から「松下さんの理念、哲学を一言で言うと、どういうことでしょうか」と質問されて、こう答えている。「そうでんなあ、まあ、《人間大事》ということでしょうな」。

松下の発想の出発点、その哲学の原点は、常にこの「人間大事」であった。事実、自らの人間観を先述の『人間を考える』にまとめきった昭和46（1971）年の12月中旬、松下は私に呟《つぶや》いた。

「やあ、この人間観をまとめ終わったから、もう、わしは死んでもいい」

この言葉を私は愕然《がくぜん》としながら、また胸詰まる思いで正座して聞いた。まさに多くの発言をし、多くの著作を上梓している松下の思い、考えをそぎ落としていけば、「松下幸之助哲学の芯」は「人間大事」ということを、松下の「死んでもいい」という言葉から感じ取ることができるのではないか。

松下の経営は、常に「人間大事」を中心に進められ、決して「数字大事」で進められたことはない。松下自身がそのことを語っていると思われるのは、昭和44（1969）年、ある経営懇談会での講演だ。自らの考える松下電器の発展の要因について語っているが、数字分析や売り上げ、利益の上げ方、宣伝の仕方などにはまったく触れていない。そのときに松下が挙げた発展の要因は、次の9つになる。

①電気に関する仕事が時代に合っていたこと、②人材に恵まれたこと、③理想を掲げたこと、④会社を公《おおやけ》のもの、公器と考えたこと、⑤ガラス張りの経営をしたこと、⑥全員経営を行ったこと、⑦派閥をつくらなかったこと、⑧方針を明確に提示したこと、⑨自分が凡人であったこと。

この9項目を読むと、松下が社員に「誇り」と「励まし」と「感謝」と「感動」を与えることに徹していたことがわかる。

①電気という、これからの時代の必要性にかなった会社ということで、社員に「励まし」を与えている。

②うちの社員はみな優秀ですよということで、「誇り」を持たせている。

③理想を掲げることによって、今は小さな会社だが、やがて日本の発展に寄与する、あるいは日本国民の幸福に貢献するようにしようということで、社員に「励まし」を与えている。

④会社は法的には私企業だが、天下のモノ、天下のヒト、天下のカネを活用し、天下の人々

が求めるものをつくるとすれば、それは単なる「私企業」ではなく、公の事業。そのように社員に訴えることによって、自分たちは自分たちのためだけに働いているのではない、多くの人たちのために働いているという「誇り」を持たせた。

⑤ガラス張りの経営によって、社員がみな経営内容の数字を知ることができる。「松下さんの会社」から「私の会社」になる「誇り」。

⑥全員経営をすすめることによって、新入社員でも自分の職場に対する提言、提案だけでなく、会社の経営に提言できるという「感動」を与えている。

⑦派閥をつくらなかったということによって社内が明るくなり、意思の疎通、風通しのいい会社になったことに対する「感謝」。

⑧方針を明確にすることによって、努力の方向を明確に示し、社員に「励まし」を与えている。

⑨何より、自分が凡人であったことによって、わからないことは社員に尋ね、その社員たちから知恵をもらったことに対する「感謝」。

こうして、松下は「数字を追いかける経営」ではなく、「人を追いかける経営」で、経営者として大きな成功を収めたということになるのではないだろうか。

# 経営理念は悟り

松下幸之助は事業を開始した当初から、確たる理念を持って経営を行っていたかといえば、そうではない。夫人と義弟の三人で、いわば食べんがために始まった会社である。商売をやる以上、それに成功するためにはどうしたらいいかを、あれこれ考えることはあったというが、それは当時の世間の常識に従って、良い物をつくり、お客さまを大事にすることを懸命に行う、ただそういう姿であったようだ。

しかし、会社もある程度発展し、従業員も多くなってくると、松下は「そういう思いだけで商売をしていいものだろうか」と思うようになった。というのは、近所に同業者がいて、したがって、自然、競争になる。努力したほうが勝つのは仕方がないとしても、その店がつぶれてしまうと、何か自分が悪いことをしているような、他人の犠牲の上に商売をしているような後ろめたさを感じないわけにはいかなかった。そこに、商売とは何なのか、何のために商売を行うのかという悩みも生まれてきた。

それ以降、松下はなぜ自分は商売をしているのかと考え込むようになる。ここが、松下が経営者として大成する大きな岐路であったかもしれない。

そのような折、ある人に勧められ、某宗教団体の本部を訪れる。すると、そこには驚くような光景があった。街の半分といっていいほどの数の建物が教団の施設であった。本殿に案内されると、その建物の大きさに圧倒された。信者たちはみな生き生きと働いている。境内《けいだい》はちりひとつ落ちていない。それだけではない。製材所まである。いま建てている建物のためか、それならいかにも大規模すぎると案内してくれる人に問うと、「いや、その次の建物、またその次の建物という具合に、まだまだ建物が続く」という。それにまた、松下は驚いた。しかもすべて信者たちの寄進である。

なぜ人々はこのように宗教に集まるのか、なぜ宗教団体は永続し発展するのか。ひるがえって自分たちの商売、経営を考えれば、必ずしも、そうした姿があるとは言えない。なぜだろうかと松下は心の中で自問する。

宗教には目に見える何ものもない。しかし、人々は自らの大切な身銭をきって参集し、そのうえ奉仕の労働さえ嬉々《きき》とする。

商売や経営は目に見える商品がある。目に見えて便利な、生活に役立つ商品がある。にもかかわらず人々は、商売する人たちを金儲けする人たちと蔑《さげす》み、また商売人も、何かしら引け目を抱いている。

悩み考え続けた松下は、ハタッと思い当たる答え、胸を突くような、全身が震えるような答えが浮かんだ。

そうだ、使命だ、使命感があるかないかだ。

宗教には「心の救済」という使命がある。人々の魂《たましい》の救いがある。それに引き換え、商売の使命は何か。ない、ないではないか。

しかし、考えてみれば、人間は心の救済だけでは十分な幸せはない。物の救済、物があって、また幸せということになるのではないか。いわば人間の救済は物心両面からの救済でなければならない。とするならば、物の面から人を救済する、その商売、経営もまた宗教と同じように大切なものと言えるのではないか。

商売の使命とは「物による救済」にある。そうだ、そうなのだ。そういえば近所の同業者がつぶれたのも、人々の物質的救済に役立たないとすれば当然なのかもしれない。人々を救済する、いい物で安い物。人々に豊かな生活を約束する商品をつくり続け販売し続けることこそ、商売人の使命、産業人の使命だと腹の底で承知した。松下はそのとき、経営の基本の考え、使命をいわば悟ったのである。

そう悟った松下は、産業人としての使命とは、物質を豊富ならしめることによって貧しさをなくし、真の繁栄をもたらして、平和で幸福な社会をつくる手助けをすることであると、全従業員の前で発表した。昭和7（1932）年のことである。この「理念の悟り」があればこそ、後の松下の会社の発展繁栄が実現したのである。

しかし、急いで強調しておこう。このエピソードを紹介すると、「そうか、松下さんはあるとき突然悟りを得たのか」と誤解する人が時々現れる。だからもう一度思い起こしてほしい。松下は「悟る」以前からすでに「商売とは何か」「なぜ商売をするのか」と考え続けていたことを。

経営理念を、ただのスローガンのように安易に考える経営者が多い。自分の頭で考えない、自分の腹に落とさない。他人の言葉を拝借する、学者の意見を引用する。そして、そのままに経営をする。格好をつけて振る舞う。しかし、その理念方針が経営者の身に付いていないから、いざというときに生きてこない。自分の血肉になっていない。悟りになっていない。だから、悪魔のささやきに引きずられ、魅惑の誘いにすぐに乗る。そして堕落、失敗、不祥事となって落伍《らくご》する。最近の大企業の不祥事を見るにつけ、「悟りの経営理念」の大切さを痛感している。

王道の経営とは、悟りの経営である。

# 公を根底にして、正しい経営をする

松下幸之助が出た学校は、大阪の「船場大学」である。むろん、そのような大学は実在しないが、「正しい商売」「誠実な商売」という考え方を、松下は船場で学んだように思う。船場商人の商売の原則は、「才覚、算用、始末」だと言われている。才覚は、商売の才能。言い換えれば、チャンス、ニーズをつかむ能力ということ。算用とは、損をする商売はしないということ。始末とは、無駄なことはしないということ。それだけではなく、口約束でも確実に守ること。金払いを綺麗《きれい》にすることなども付け加えることができるだろう。そのようなことを、松下幸之助は、「船場大学」で学んだ。

江戸時代以降、商人は、「士農工商」というように、低い地位に置かれていた。実際にはそうではなかったという説もあるが、通念的には、やはり、商売人の立場は低かった。しばらく前まで、いや、時に今でも、「たかが商売人」という言葉が使われるときがある。しかし、船場商人は、商売に誇りを持ち、商人であることに自負心を持っていたのではないか。この誇りが、自負心が、松下に後年、大きな影響を与える。

23歳で起業して、「たかが商売人」「金儲けの商売人」と、直接罵倒されることに、それゆえ、松下が、「大いなる苦悩」をするのは当然であろう。だから、悩む。そして、悩み抜いた末に、産業人としての使命を悟る。産業人の使命とは、「私を富ませるのではなく、その活動によって、社会を富ましめることである」。ここで松下は、初めて明確に「私からの脱却」をする。

船場の商売哲学は、例外はあるが、「私」を根底におきながら、「正しく商売をする」という考え方であったように思う。その船場で学んだ「商売の哲学」、言い換えれば、「私を根底にして、正しい商売をする」という考えを、松下幸之助は、その「私」を、「公」に置き換えたのである。いわば、松下の経営哲学の根本に、明確に「公」を据えたということである。

すなわち、「公を根底にして、正しい商売をする」という経営哲学を構築したのである。「企業は公器」という松下の経営哲学の一つは、そこから生まれ出たのではないか。また、「商売は私事にあらず、公事なり」。「利益は、目的にあらず、社会に貢献した度合いに応じて社会から与えられるもの」。そのような経営哲学は、「公を根底において、正しい商売をすること」という哲学なくしては、生まれてこないだろう。

経営者は、この「公」と「正しさ」に徹する経営なり、商売をすべきではないか。常に「公」を前提にする。常に「社会」を優先させる。常に「正しさ」から出発する。常に「正当さ」から出発する。そのようにして、諸問題を考え、対策を立て、戦略を組み立てる。そういうところに経営者としての力強さが生まれてくるだろうし、商売人としても、堂々たる誇りも生まれてくるだろう。

そのような「公を根底において、正しい経営をする」ことを経営者が貫くことが、数十人といわず、数万人といわず、社員の末端まで「公」と「正しさ」が染《し》み込む。染み込めば、経営者が、事細かに指示しなくとも、従業員は、「私」を排し、「不正」を行うことはない。

要は、経営者が「公を根底にして、正しい経営をする」ことに徹することによって、社内全体が、「正々堂々たる会社」、「社会から信用される会社」になるということ。

誰も気づかないだろう。顧客には、わからないだろう。世間を誤魔化《ごまか》し続けることができるだろう。そう考える経営者が、会社を消滅させ、社員を、従業員を、結局は路頭に迷わせることになることを経営者たる者は、肝に銘じておくことが大事。

誰もわからないだろう、世間に知られないだろうという「騙《だま》しの邪心」が自滅への道なのである。

決して、誰も知らないということはない。そういうことは、誰でも知っている次の有名な話を思い浮かべるべきであろう。

後漢の時代に、高潔な政治家がいた。この人がある地方の太守として赴任したところ、たまたま以前に引き立ててやった人が夜分に訪ねてきた。そして、いろいろ昔話などしたあと、大枚の黄金を取り出して、その政治家に贈ろうとした。その政治家が受け取るのを断ると、その人は、「こんな夜中で、この部屋には私たち二人しかいないのですから、誰にもわかりませんよ」と重ねて勧めた。そのときに、その政治家がこのように言ったという。「君は誰も知らないというが、そうではない。まず、天が知っている。地も知っている。それに君と私自身が知っているではないか」と。

これには、その人も恥じ入って引き下がったが、その政治家はその後ますます評価され、やがて、中央政府の高官に栄進したという。

常に、社会を考える。多くの人のことを考える。すなわち「公」を考え、そして、「正しい経営」を進めるとき、企業は、必ず発展し、商売は、必ず繁盛する。「公を根底にして、正しい経営をする」ことを心掛けたい。

# 何事も基本が大事

矢野宗粋という茶道の先生が、長い間、松下幸之助の個人的な話し相手をしていた。この人は松下より幾つか年上であったが、飄々《ひょうひょう》とした面白い老人であった。

私が松下の側で仕事をするようになってすぐのこと、松下から、ある茶道の家元のところに使いに行かされたことがあった。当然、御薄《おうす》が出されるだろう。しかし大変困ったことに、当時私はお茶の作法をまったく知らなかった。

そのことを矢野先生に話すと、「よろしい。私が一緒に行ってあげましょ。私の作法を見ていて、その通りあんた、やんなはれ」と言ってくれた。ほっとして使いに出掛けたが、案の定、立礼《りゅうれい》のお茶室に案内された。やはり、矢野先生に来てもらってよかったと胸をなでおろしながら、席に着いた。

まず矢野先生に御薄が運ばれた。私は隣の席に座って、横目でその作法を頭の中に入れようと見ていた。ところが矢野先生は、茶碗を両手で持ち上げると、作法をしたのかしないのかわからないような速さで茶碗を手で回すとあっという間に飲み干し、そして誠に無造作にその茶碗を置いた。

それで私は驚いた。いくら「私のやる通り、やんなはれ」と言われていても、それをまねするには勇気が要る。これはとてもまねできるものではないと瞬間諦めた私は、両手でお茶碗を持って飲むだけにした。さはさりながらさすがお茶の先生だけある、そうした無造作な飲み方が誠に自然で美しいことに感心した。

ある落語家が、自分の師匠を語っていた。その中でこのような話があった。若いころ、師匠の家に住み込みで修業をしていた。夜寝る前に師匠の部屋に行って、障子越しに挨拶をする。それが作法であった。ところがその落語家は、あるときずぼらして立ったまま「おやすみなさい」と言ったところ、師匠から「なんだ、お前、立ったまま挨拶をする奴があるか」と叱られた。障子が閉まったままなのに「わかりましたか」と言うと、師匠が「当たり前だ。声が上から飛んでくる」。なるほどと感心しながら、それでもなお「師匠、そうはおっしゃいますが、つい先日、師匠だって立ったまま障子をお開けになりました。あそこは座って開けるもんじゃあないんですか」とへらず口をたたいた。

すると師匠は、「馬鹿者！　わしはなぜ座って開けなければならないか、よく知ったうえで、立って開けている。ところがお前は、なぜ座って挨拶をしなければならないか、それを知らずに立ったまま挨拶をする。そういうことだから駄目だ」とえらく叱られた。誠にその通りだと、今、あっしはその師匠の言葉に感心しております――という話であった。

師匠が言いたかったこと、というよりその落語家が言いたかったことは、芸というものはいかに基礎、基本が大切か、ということであろう。

落語家というと面白おかしく、大ざっぱにやっているように思われるかもしれないけれど、実は面白おかしくの前にしっかりとした、命懸けの修業がなければならない。要は行儀作法も含めて、すべての基本がわかっているかいないか、体に染み込んでいるかどうか。基本、基礎が習得されていれば、それが芸に生かされてくる。そしてその後はむしろ応用問題ということになる。

矢野先生が作法を崩してもなお美しい所作であったのは、お茶の基本をしっかりと押さえていたからだ。もしそうでなければ、とても見られた姿ではなかったであろう。そしてそのとき私が、矢野先生のまねをして無造作ぶってやっていたら、御薄を出してくれていた門弟たちから失笑を買っていたことだろう。

経営でも同じことが言える。

あるとき松下幸之助が「いくら知識の時代、情報の時代といっても、だからといって経営の基本を押さえることもせず、いきなり情報を求め、知識を出し、それでさあ、勝負と言ったところで、経営に成功することは不可能や。評論家の中には熱意はいらない、努力は要らないと極論する人たちもいるけど、それで経営が成功すると思っているのなら、それほど経営を小馬鹿にした考え方はないな。もし、本当に知識や情報だけで大きな成功を収め得るというのなら、自分で企業を起こし、経営をやってみるがいいわ。間違いなく、失敗やろうな。たとえ失敗しなくても、せいぜい自分が小金持ちになるくらいが関の山。決して企業を大きく発展させ、社会に大きく貢献できるような企業に育て上げることはできへんわ」と語った。

もちろん知識や情報は必要ないというのではないだろう。しかし、それはあくまでも建前の部分。決してその建物の載っている土台の部分ではない。やはり土台の部分は哲学であり、信念であり、態度であり、あるいは熱意であり、努力であり、誠実であり、時に命懸けの闘いというものだろう。

そういう土台がしっかりしていて、初めて知識だとか情報だとかが生きてくる。やはり経営者は経営の基本を承知し、その基本を十分にわが人格にまで身に染み込ませたうえで、知識を求め、情報を活用しなければならないのではあるまいか。

# 世間は正しいと考えて経営に取り組む

日々の商売を力強く進めていくために、経営者にとって大事なことの一つは、いわゆる、世間というものを信頼することであろう。世の中の判断はいつも正しいものであり、世間の見るところは妥当だと考えることである。

もし、世の中の目が間違っていると考えて、経営や商売をすれば、世の中の判断にいつも懐疑と不安を持たなければならず、そうなれば、経営にせよ、商売にせよ、それぞれを力強く進めていくことは難しいということになるだろう。常にオロオロと経営に、商売に取り組んでいかなければならないということになる。それでは商売を進めていくうえで、いろいろと不安が生まれてくるし、思い切って経営や商売に打ち込むということもできなくなるのは当然だろう。

確かに世間も間違うことがある、世の中が常に正しいということもない。8割は正しいかもしれないが、2割はそうでもないことが多いようにも考えられる。

しかし、そこをドンと構えて、「世の中は常に正しい」「世間は必ず正しい判断をする」と考えれば、あるいはそういうことにすれば、経営も商売も、その世間の動き、世の中の動きに従えばいいという度胸が生まれる。

松下幸之助は、いつも世の中の判断が正しい判断であるとした。

もちろん個々の場合について見れば誤った判断もある、いや、間違ったことが多いかもしれない。しかし、長い目、大きな目で見ればどうだろうか。一時《いっとき》は間違う、1日は正しくない判断をする世間、世の中も、5年、10年の期間で考えれば、軌道修正をしながら結果的に正しい判断、正しい動きをするようになる。それが世間であり、世の中というものである。

自分が正しいと思うこと、間違っていないという信念を持ちつつ、世間は正しい、世の中は間違っていないと思い、従っているうちに、やがて、正しい方向に収斂《しゅうれん》し、自分が堅持していた信念と一致してくるというわけである。

世間は正しい。そう考えるなら、正しい信念を堅持しつつ、仕事をしていれば、少々の問題や壁にぶつかったとしても、そこに絶対的な安心感が生まれる。でんと構える度胸が生まれてくる。

狼狽《うろた》えない、堂々とした経営者となり、力強い経営者になること必定である。悩みが生じる、ストレスが生じるとすれば、自分のやり方を世間に合わせればいい、世の中の動きに変えればよい。やがて、世間も世の中も必ず、正しい方向に流れてくる。

これは理屈ではなく、知恵である。松下が9歳のころから世間に出て、身に付け、体に叩き込んだ知恵である。この知恵をもって、松下は一代にして世界的な企業グループを育てあげた。「世間は正しい」という確たる信念に基づいてグローバル・エンタープライズをつくりあげた。

「世間は常に正しい」という前提に立って、そして、自分の信念に基づいて、世間の変化、世の中の変化を見る。時に世間に従いつつ、世間を導く知恵も出てくる。世の中の流れに逆らったとしても、いたずらに疲労困憊《こんぱい》、衰退するだけということになるだろう。

理論だけではモノは売れない。お客さまあっての商売である。お客さまが認めてくださればこそ、商売は成り立っていく。どんなに自信を持って「いい物です」と言ったところで、商品は決して買っていただけない。「こんなにいい商品であるのに、売れないのは客が悪いのだ」と思ってみたところで始まらない。

売れている商品は実際、ほかにもたくさんあるし、お客さまの心を捉えて離さない商店、会社は隆々と発展している。

本当に世間が悪いのだろうか。お客さまの判断が間違っているのだろうかと考えてみることから、経営の発展の端緒を見つけることができる。うまくいかない経営者を見ていると、例外なしに、世間の流れに抗《あらが》い、自分の考えを良しとして独断専行、自分の力を過信し、独りよがりに陥っている場合が多い。

世間の判断を信頼することだ。世間は正しいと考えることだ。世間の流れに抗しても、商品が売れるわけではない。結果的に世間の目は正しいと思うこと。事実この世の中には、世間の厳しい目にさらされ、認められたもの以外は残っていないのである。短期で世間を判断してはいけない。長い時間で見るならば、世間の下す判断は、決して間違っていないことがよくわかる。

人を欺く事業が一時的に成功したとしても、決して大成しない。必ず崩壊する。一時世間の目を欺いても、時間が経てばメッキは剝《は》がれる。結局は世間が正しい。何千万、何億人の人たちの総和の知恵、総和の判断は、経営者一人の知恵、会社1社の知恵よりはるかに正しいのだ。

# 約束を守る経営が発展への道

商品を企画し、生産し、広告し、販売する。これが経営か、商売であるかというと、一つ一番大事なものが欠けている。集金である。優れた技術者やクリエーターがベンチャー企業を始め、しばしば失敗してしまう理由の一つも集金である。

集金が済んで商売は完結する。いい物をつくり、売る。きっちり代金を払い、代金を受け取る。それが商道徳というものだろう。その商道徳が守られ、商売が円滑に進められて初めて、私たちの人間としての生活が成り立ってゆく。

現代においては、集金に行っても払ってくれないという例は、ずいぶん少なくなった。日本全体の商道徳が高まったからで、それゆえ今のような繁栄が実現し、日本全体が効率の高い経営を実行しやすくなっている。そして少なくとも日本国内においては、絶対に失ってはならない美徳である。商道徳というものは自然に守られる習慣ではない。そのことは、諸外国の例を見ればよくわかる。集金に行けばすぐに払ってもらえるということが、どんなに貴重なことか。

いや、外国の例を引き合いに出すまでもなく、実は私たち日本人も戦前と戦後のある時期までは、集金に行っても払ってもらえないというのがよくある姿であった。若い人たちは意外に思うかもしれないが、昔書かれた本などを読むと、日常的な出来事としてそのような光景が描かれている。中進国の姿というのは、残念だがそんな一面を持っている。

するとどんなことが起きるだろうか。ある人が集金できずに帰ってくる。帰ってきた人は、今度はそこへ集金に来た人に「実は取りに行ったけれど、払ってくれないから、もうちょっと待ってくれ」と言う。次から次へとそうなる。将棋倒しのごとく、一軒がそうなれば、極端に言えば、1万人が全部ずっと空足を踏む。ムダなことをしなければならない。

しかし、今の日本はお互いの常識として、約束をすればその約束は必ず守るという社会になった。集金のムダ足がなくなれば、経費が要らず、それだけ儲かる。安く売ることもできる。納期も品質も同じことで、「約束を守る」ことをお互いが実行するようになったからこそ、日本は先進国の一員となった。だが、それでは、現在も日本の会社は約束を完全に守る好ましい流れになっているかというと、必ずしもそうとは言えないのではないか。「約束事を守らないこと」によるトラブルが多発してきている。

いい物をつくるのもお客さまとの約束、できるだけ安く、適正価格にするのもお客さまとの約束、買っていただければ、代金を頂戴するのも約束、契約書を交わしたわけではないけれど、それらはいずれも「見えざる約束」。

皆がその約束にのっとって商売し経営すれば、効率のいい経営、商売ができる。要らざるクレームやトラブルはなく、催促の電話をかける必要もない。経営者も道徳を守って歩んでいれば、自ら不正もしない、脅迫される種もない。不要な金、ムダな金が要らないばかりか、時間的にもスムーズに仕事が流れる。金も時間も効率経営となる。

不況になると「リストラも仕方がない」と言う経営者が現れる。しかし、人員整理、肩叩きを安易に考える経営者は愚か者である。点検し、見直し、自分が道徳的に振る舞っているか、約束をきっちり守っているか、会社は隅々まで約束を守るような社風になっているか、そのことをまず反省し、改善し改革してみるほうがいい。

なかには「勝てば官軍」と主張している経営者がいる。確かに経営、商売は戦争である。だから「何をやってもいい。とにかく勝つことが大事であるから、たとえ信義を破り、法に触れなければ、相手をだまし討ちにしても、勝たねばならぬ。勝てば官軍、負ければ倒産だ」というようなことを言っている。言わば、たとえ約束を破っても、ということである。しかし、そこには経営者としての、商売人としての一片の誇りもない。

これは、松下幸之助の考え方と対極である。松下の言っている効率とは、近道や抜け道をよしとしたり、とにかく勝てばいいなどということではもちろんない。必ず世間は正しい。そのときはうまくいっても、長い目で見て、そのような経営者を許すはずがない。約束を守っていながら、よしんば倒産しても、以て瞑《めい》すべしという潔《いさぎよ》さがなければならない。出し抜く、欺く、約束を守らない。そういう「勝てば官軍」という考えを、松下はもっとも嫌っていた。

戦前の話だが、大手の同業者が不当な値引き販売、原価を無視した価格販売を始めた。原価を割った価格で商品を販売し、同業者つぶしに出たのである。多くの同業者がこれに憤慨し、同様に値引きに走った。乱売、醜い値引き競争が始まったのだ。しかし松下はこの競争に加わらなかった。そういう競争を松下は許さなかった。「相手が間違ったことをするから、自分も間違ったことをするというのは、大将たる者のやることではない。相手が卑怯な動きに出ても、自分は信念を貫き、そういうことはしない」と孤高を守った。その結果は、松下の勝利となった。不当な行為、目に余る行為を、決して世間も許さなかったのである。

経営においても商売においても「勝てば官軍」ではなく、「勝ち方の美しさ」、言い換えれば、商道徳を守り、約束を守ったうえでの競争をしなければならない。経営者は、約束を守ることが発展への道と心得ておきたい。

# 基本理念を曲げるな、守れ、実行せよ

今のような時代背景を見ていると、企業経営においては「基本理念を曲げるな、守れ、実行せよ」ということが一番大事ではないかと思う。

有名な企業が燃費データを改竄《かいざん》したり、不正会計をしたりなど、さまざまな不祥事を起こしている。しかし、もともとそれらの企業が創業のときから好ましからざる理念を持っていたのかといえば、もちろんそうではない。創業の理念はどこでも、非常にしっかりしたものを持っている。今に通用するような、だから、しばしば学術書にまで引用されるほどの理念を持って創業している。しかし問題は、そうしたしっかりした経営の基本理念を持っているにもかかわらず、その後の経営者たちがそれを自分の血肉にしていないことである。

基本理念のない会社というのは、まずないだろう。しかし経営者が2代目、3代目、4代目、あるいは会社が20年、30年と続けば続くほど、経営理念に対する考え方が、信念が、幹部はもちろんのこと、社全体で薄められていってしまう。あるいはその後の経営者たちが自分の血肉とせず、頭の中にあったとしても単なるお題目になってしまう。

今の経営者のなかで、社長になったときに自社の基本理念と向かい合い、格闘し、とことん考え抜き、悩み抜いたという人が、一体何人いるだろうか。おそらく数えるほどしかいないと思う。

基本理念が、とりわけ経営幹部自らの血肉になっていれば、不祥事が起きるはずはない。自分の血肉にしていないから、基本理念を思い起こすこともせず、簡単に曲げてしまう、捨て去ってしまう。基本理念を曲げたり捨てたりするということが、自分自身というものを曲げ、自分自身というものを捨て去ってしまうことだということにも気がつかない。自己否定だということがわかっていない。

松下幸之助のすごさは、己の確立した基本理念を貫き守り抜いたことである。絶対に曲げなかったことである。

事業を始めて10年ほどたったころ、松下は事業の意義、目的は何かと悩み続けた。数年にわたってその自らの問いに対する答えを求めての思索を続けた。日夜考え、考え続けた。考えて考えて考え抜いた。結果、物の面から人類の幸せに貢献すること、平和、繁栄を実現することが企業の使命、産業人の使命と悟ったのである。

その思考の時間は、長く深かった。それゆえにその考え、経営の基本理念は松下の血肉になった。その理念、その信念は、そのままイコール松下幸之助であった。だからこそ、松下はいついかなるときも、絶体絶命のときも、決してその基本理念を曲げることはなかった、捨て去ることはなかった。

こういう強さは、今の経営者にほとんどみられなくなった。だから、毒入りのまんじゅうでも、危ないとわかっていても、拾い食いして不正経営をしてしまう。物をつくる企業が、金拾いなどすべきではあるまい。みっともないという言葉があるが、基本理念を貫き守らないと、こういうみっともない、下品な経営者があまた出現する。いや現に出現してマスコミをにぎわし、国民から軽蔑されている。

その点、松下は基本理念を守り抜き、貫き通した。だから成功した。だから最後まで経営者として失敗することなく、生涯を終えることができた。晩節のきれいな人であった。有名な話だが、松下が亡くなったとき、2500億円の遺産総額のうち、97・5％が自社関連株であった。土地投機も現金もないというので、ずいぶんとマスコミで話題になった。株を売却しなければ相続税が払えなかったほどである。そういう信念をきっちり、公私分かたず守り抜き、貫き通す美しさがあった。

バブルの時代では、株への投機や土地転がしをしない経営者を「能力がない」と言う評論家がいた。しかし、その結末がどうなったかを、私たちはよく覚えておかなければならない。今、株価が上昇している。これからは株だ、カネを運用して株だと踊り狂いはじめると、バブル時代の再来の危険があることを知っておいたほうがいい。カネのために基本理念をゴミ箱に捨て去るときが、会社がつぶれる前兆であると思う。

基本理念を守り抜くことが、結局は成功につながるのだということを知っておいてほしい。「勝つこと」も大事だが、それ以上に「勝ち方の美しさ」を競うということが大切なのではないだろうか。

経営の美学とは、すなわち基本理念を守ることだと言ってもいいと思う。基本理念をおろそかにしたとき、まさに会社の滅亡が始まるということを、日本の経営者は常識にしたほうがいい。「勝てば官軍」は結局破滅につながる。勝つためには、カネのためには、なりふり構わず、タボハゼのように何でも食らいつくのは愚かなこと。何より、場当たり的経営は品格のない経営である。

基本理念を曲げずに守り抜くところにこそ、会社を正しく、ゆっくりとであれ、着実に発展させる基本がある。王道がある。

# 経営のムリは、経営の失敗に通ず

松下幸之助は、既存の言葉にとらわれず、自分の思いを独特の造語で表現することがよくあった。「大忍」「命知」「衆知経営」「ガラス張り経営」「全員経営」などはその一例と言えるが、「ダム経営」という言葉もその一つである。

ダムは水力発電や治水、治山、砂防、廃棄物処分などを目的にして、山間窪地に造られるが、その中でもとりわけ、治水を目的として造られる場合が多い。日照りが続き、水が不足して、農作物が枯れそうになれば、ダムに貯めておいた水を放出して田畑を潤し、その必要がないときは貯水しておく。また、ダムがあふれるような水量になると、適量の水をゆっくりと放出する。いわば、水量を調節する役目もしているのがダムである。

そのダムの調節機能を経営に採り入れて、経営の安定化を図っていこうという経営手法を、松下は「ダム経営」と称した。そのような「ダム経営」を考え出し実践したのは、松下電器の経営を安定させたいという強い願いからであったと思う。

人間でも「経済的にギリギリの生活」「精神的にギリギリの毎日」を過ごしていれば、ストレスがたまり、健康を害するだろう。経済的にも逼迫《ひっぱく》し、精神的にもいつも追い詰められた状態であれば、それも当然。多少なりとも「余裕」がなければ、安寧にして日々を過ごすことができない。それどころか、些細《ささい》なことで、命にかかわる事態にもなりかねないだろう。多少でも「余裕」あればこそ、心穏やかに、落ち着いた人生、安心の毎日を過ごせるというもの。

仕事でも同じこと。10の仕事を目いっぱいやらなければならない時期もある。ことに創業時は、10の経営を12、13、時には20でやらなければならない日々が続くこともあろう。しかし、そのようなことをやり続ければ、無理が生じる。当然である。いわゆる、自転車操業ならぬ、「自転車経営」。そうした「目いっぱいの経営」は脆《もろ》い。

だから、「目いっぱいの経営」をしてはいけない。「ギリギリの経営」をしてはいけない。起業した最初のときはともかく、経営を進めていくうちに、徐々に「余裕のある経営」、すなわち「ダム経営」を構築する心掛けを持つことが経営者としては大切である、と松下はいつも言っていた。

経営は「身の丈以上」に展開してはいけない。着実に自己資金を蓄えていく。蓄えた見合いに応じて拡大していく。

拡大の前提に、資金のダムを造る。事業拡大には資金の余裕がなければならないからである。

資金だけではない。工場の設備も同様である。普段の生産で目いっぱいの設備であれば、それ以上の注文が来たときにどうするのか。

しかし、余裕のある設備を持っていれば、急に注文が増えてもすぐに対応できる。品物が余り過ぎるようだったら、設備を少し休ませればいい。また、いよいよのときには売却すればいい。在庫も同様である。ムダのようでも在庫に多少の余裕があれば、急な注文にも直ちに応えることができる。

このようにすれば供給や価格も安定し、取引先、顧客に迷惑をかけることもない。そして、それが社会に真の安定的繁栄をもたらすことになる。そのような考えで、松下は「ダム経営」を実行していた。

興味深いのは、借金も余裕をもって借金すべきだと言っていたことだ。

経営においては、ときに借金をして、必要資金を整えなければならない場合も出てくる。このような借金のときも、「ダム借金」を松下はやっていた。

内部資金、手元資金があるにもかかわらず、銀行からわざわざ借り入れるのであれば、手元資金、自己資金を使えばいいのではないかということになるかもしれない。が、これについて、松下は次のように説明していた。

「もし、自己資金を使ってうまくいかなかった場合、どうしても心にゆとりがなくなる。しかし、自己資金分だけ借りておけば、そういうときでも返済する金がある。もちろん失敗しても構わんということでは決してないが、失敗してもなお手元に余裕があると思えば、そこに思い切りと心のゆとりが出てくる」

これが松下の借金の仕方の基本である。借金というのは金がないから借りるのだと考えている向きも多いと思うが、松下からこの話を聞かされたとき、「借金の心得」はこれかと思ったものだ。

松下のこうした「ダム経営」からは、決して「冒険的会社拡大主義」は生まれてこない。「ダム経営」とは、すなわち堅実かつ着実な経営手法だということである。松下は「無理」を嫌った。松下が成功したのは無理をせず、「ダム経営」を実践したからだ。

# 経営は「多柱経営」で成功する

経営環境が激変している。場合によっては、経営を転換していかなければいけない。とはいえ、「変身経営」をするにしても、「コラボ経営」をするにしても、「駆逐艦経営」をするにしても、経済全体のパイが縮小している中では、いわゆる「多角経営」は非常に危険ではないかと思う。「多角経営」ではなく、むしろ「多柱経営」を目指すべきではないだろうか。

日本ではかねてより、安易な「多角経営」が多く、松下幸之助はしばしば警鐘を鳴らしていた。それでも以前のように、経済全体のパイが大きくなっていく「インフレ」「右肩上がり」の時代であれば、全体のパイが大きくなっているという「順風」があったため、専門外の分野に出ていっても成功するという可能性は、ある程度あったかもしれない。鉄鋼メーカーが教育産業に出ていったというような場合も、他社に比べて大きな資本を投下できるのであれば、資金力で成功する可能性は、それなりに高かっただろう。

しかし、経済全体のパイが縮小している今、それぞれの企業が、それぞれの専門分野で「命がけの経営」をしているのである。そのようなところに、「多角経営」なのだと自分の専門以外の分野に出ていって、素人《しろうと》同然の状態で成功する可能性は低い。死に物狂いでやっている企業と戦って勝てる可能性は、限りなく皆無に近いと言えるだろう。

むしろ、「多角経営」をすることで、命取りになりかねない危険性こそ増大する。そう考えるべきではないだろうか。今のような経済状況の中では、「素人の考え方」で「玄人《くろうと》の世界」に入っていくということは、「歌舞伎役者」が「ミュージカル俳優」になろうとするもので、絶対とは言わないが、かなりハードルが高い。

しかし、こういう時期にあっても、もちろん企業は着実な成長をしていかなければならない。したがって、何か新しい事業を考えていくときには、「多角経営」ではなく、「多柱経営」という発想で進めてはどうかということである。

「多柱経営」とは、柱を多く立てていく、すなわち「本体がやっている本業に関連する事業を、新たな事業として、本体の周辺に次々に展開していく」ということ。そして大切なことは、あくまでも一つの本業という屋根を支える、その柱をつくっていくのだ、という考え方に徹することである。

すなわち、本体を大きくしていくというよりも、渦巻き状に全体をより強固なものにしていくというような経営の舵取りをしていく。少々の暴風雨が吹き荒れても、いくつもの柱に支えられていて、絶対に倒れない家をつくる。言い換えれば、本体と関連性のある事業分野に進出するという「経営の展開」をしていくことが大切ではないだろうかということである。

あらためて、「多柱経営」と「多角経営」の違いを比喩的に挙げれば、「多角経営」とは何軒も家を建ててしまうことである。本体のほうの柱もほどほどの強さしかないので危ない。それなら、何軒も家を建てようと考える。そういう「多角経営」を展開したら、一体どうなるだろうか。まず本体を支える柱が弱体化してしまうことは、誰の目にも明らかである。しかも、多角化だと称して、専門分野以外のところに進出していった新しい事業は、それを支える柱などまだできてはいない。

付記するが、富士フイルムが化粧品で成功したが、これは多角経営ではない。フィルムの製造過程でコラーゲンを使用する。コラーゲンを使用して化粧品をつくる。すなわち連続性があり、これは立派な「多柱経営」である。

そのようなときに、さらに厳しい不況の暴風雨が来れば、当然のことながら多角経営で出ていった事業はばったり倒れてしまうだろうし、本体もおおいに揺らぐ。中には本体までも引きずられて、一緒にばったり倒れてしまうというケースもある。実際、最近のいろいろな企業の倒産は、まったく本体と関係ない分野に進出しての失敗例が多い。かつて、某電機メーカーの関連会社が土地開発事業に進出して、８０００億円の負債を抱え、倒産したこともある。

したがって、厳しい経営状況を打開するために、「多角経営」ではなく「多柱経営」を進めることが経営者の心構えとして極めて大切であろう。

もし、まったく異分野の新規産業に参入する「多角経営」をやるのであれば、「のれんわけ経営」、すなわち「分社化」の方法でやることである。「のれんわけ経営」で、本体とは別の経営体として独立させていれば、仮に失敗したとしても本体は影響をほとんど受けない。

激変の時代の幕が開いた。

少々の風が吹いても倒れない本体をつくりあげるためにも、本体と関連する分野に出ていく。自分の得意分野における柱をいっぱい立てていく。大企業であろうと中小企業であろうと、企業規模の大小には関係なく、すべての経営者は、そうした考え方をもって経営にあたっていかなければならないのではないだろうか。

# 串焼きの〝串〟をつくれ

全国10ヵ所ほどで、経営者塾を展開している。一番長く活動しているのは、名古屋の経営者塾で24年間続いている。会員は175名。この経営者塾では、参加者がまっすぐに、「松下幸之助経営哲学」を学び続けている。

比較的新しい経営者塾は、東京の経営者塾。毎月開催されているが、この経営者塾は、半日かけて開かれている。参加者は、沖縄から北海道まで約100名。ここは、前半の3時間は私の講義、後半は私を囲んでの自由討議。

10ヵ所の経営者塾は、それぞれに個性があるが、いずれの経営者塾も参加者が非常に熱心。まさに毎回、真剣勝負という感じである。

先日、ある経営者塾での質疑応答のときに、某学校の教頭（学校経営者）が、「実は、ウチの学校は、4校を統合して今日に至っているが、経験や価値観がさまざまで、共通行動ができず、子どもの指導観もバラバラ。どうやって、ベクトルを同じ方向にそろえていったらいいのか」という質問があった。

そこで、「あなたの学校に、『何のために学校を創ったのか、統合したのか、何のために教育活動をしているのか』、そのような、学校経営理念、教育基本理念があるか」と問うと、「あると思うが、明確なものはない」と言う。そこで私は、「もともと人間はそれぞれの個性があって、価値観も考え方もバラバラな存在。だから、バラバラでは困るという考えを持たないほうがいい。むしろ、バラバラのほうがいいのではないか。そのほうが、あなたの学校の強みということになると思う。この世に一種類の花しかないということであれば、花は見飽きて、つまらないものとなるが、まさに、百花繚乱、さまざまな花があるから、われわれは美しい、かわいい、きれいだということになる。

しかし、共通行動ができない、同じ目標に向かって進んでくれないというのは、学校としては困るだろう。困るけれど、それは明確で強固な学校経営理念、教育基本理念がない、あるいは、あっても明確に意識、また、提示されていないからではないかと思う。そういうことであれば、大いに問題があると思う。

前述したが、学校経営理念、教育基本理念、すなわち、なぜこの学校を創ったのか。なぜ4校を統合したのか。統合して、学校をどのような方向にもっていきたいのか、どのような子どもたちに育てていきたいのかなど、そういうことを明確にし、明文化し、それを提示し、かつ先生方に徹底することが大事だと思う。

いわば、串焼きの〝串〟をつくることが大事ではないか。ネギがあり、鶏肉があり、また、それぞれはバラバラであるが、それぞれはそのままに、しかし、串で刺し貫くことにより、〝一本のまとまった串焼き〟になる。だから、バラバラだ、困ったと、そこに目をやるよりも、バラバラを認めて、そのバラバラのままで、まとめる〝串〟を明確にすることにしたらどうか。その〝串〟が学校経営理念、教育基本理念というものだ」という話をした。

後日、本人から「教員がバラバラだということに気持ちが行き過ぎていたと反省しました。もっと大切な、学校経営理念、教育基本理念を明確にし、徹底し、教員たちを〝串刺し〟にしながら、それぞれに個性、考えを尊重していきたいと思います」というお礼のメールがきた。

企業経営でも同じこと。同じ人材、同じような人材を集めるより、さまざまな個性、さまざまな能力を持った人材を擁する企業のほうが強いのは、松下幸之助の創業した松下電器（現パナソニック）を思い起こせば、すぐわかる。実に多彩、かつ個性的な人が多かった。

今の時代なら考えられないが、勤務時間中に挨拶に行くと、「君は何を飲むか」と言いながら、ウイスキーやワイン、日本酒が入った机の引き出しを開けて、「飲みながら、君の話を聞こう」などと言う幹部社員もいたし、社員たちに向かって、「俺の指示に腹が立つことがあるだろう。そういうとき、藁人《わら》形と竹刀の置いてある部屋をつくっておくから、そこに行って、藁人形を俺だと思って、気のすむまで叩け」という幹部社員もいた。なかには、「何でも相談役（松下幸之助）の言う通りに一から十までしなければならんということはない」などと言う幹部社員までいた。

もちろん、松下の指示通りに動く幹部もいたが、とにかく、個性の強い幹部社員が多かった。

言わば、バラバラ状態の幹部社員たちであったが、そういう個性というか、癖のある人材を松下がまとめ上げ、また、普段はなんだかんだと言いながら、いざというとき、あるいは、危機のとき、彼らが一つにまとまって事態に対応したのは、一にかかって、松下が「悟りまとめ上げた経営理念」「企業としての使命感」によるところが大きいと思う。

そういう経営理念、共通する使命感があらばこそ、さまざまな、一見バラバラに見える社員を、松下はまとめ上げ、同じベクトルの方向に向かわしめることに成功したと言えるのではないかと思う。

# ゆっくり前進、しっかり歩こう

あまりに松下電器が、急速な発展をしたから、松下幸之助はなにか特別なうまい方法や、人の知らない近道を知っていたのではないかと思う人がいる。

しかし松下の経営は、堅実主義であった。冒険的拡大主義といった面はまったくなかった。

無謀なことをせず、とにかく着実に、着実に、成長するというやり方であった。その一例が「無借金経営」である。

正確にはまったくの無借金ではなかったが、少なくとも可能なかぎり借金はしなかったし、借金をしても、自己資金の余裕のなかでするというやり方であった。

だから取材を受けたときなどでも

「二歩三歩と進むことはどうも危ない。あるいはケガをするようなことがあるかもしれない。やはり一歩一歩が一番いい。力強く一歩一歩踏みしめて進んでいく。それをたゆまずやっていく。そういうように松下電器の経営をやってきた」と話すことが多かった。

松下は無理を嫌った。自分の力以上の拡大は決してしなかった。

あるとき、こんな新聞広告を出したことがある。

1ページ全面の新聞広告にカメの絵が描かれている。ご存じの童話「ウサギとカメ」を基にしたものである。

カメはゆっくりと歩くが、しかしカメとウサギが競走したとき、ウサギはここらで少々一服ということで休憩した。そして眠気がさしてグーグーと寝てしまった。

カメは足が遅いけれども、休まずに一歩一歩進んで、ウサギが目を開けたときにはもう頂上に登っていた。

松下の考えた、「松下電器はカメさんです」というコピーのその新聞広告は評判となり、賞もとった。

この広告は、松下幸之助の歩みをそのまま表現していると言っていい。

できるだけラクをしたい、早く階段を昇ってしまいたい、有名になりたい、カッコよくやりたい——というのが今の経営者たちの風潮である。しかし、結局それは失敗の道であることを知っておいたほうがいい。

その日その日の仕事を大事にすることによって、そこに一歩一歩の進歩というものが積み上げられていく。それがついに大きな仕事となってくる。

一歩一歩とは平凡かもしれないが、その平凡なことを何十年も続け、些細を積み重ねるならば、そのとき平凡は非凡な結果に変わる。一歩一歩の積み重ねにこそ、成功への近道がある。

松下の言葉で、もう一つエピソードを紹介しておこう。

「取引先のうまくいっていないところを見るとな、やはりその店主の力以上のことをやっているんやな。ほどんど例外なしと言っていいほど、自分の力以上のことをやっている。それに対して、うまくいっているところは、その店主の力の範囲で仕事をしておったな。たくさんのお得意先がおったから、それがよくわかるんや」

多角経営で失敗する例を見ると、本業がまだ中途半端なのに、他の業種に手を出していく。手を伸ばしすぎて、結局すべてが中途半端なまま会社全体が倒れてしまう。こうした例はベンチャー・ビジネスでも中小企業でも、さらには大企業でさえ数多く見ることができる。

松下から学んだ私からすれば、なぜそのように身の程知らずの無謀な拡大をしようとするのか、理解に苦しむ。

経営者は、会社を自分一代でどれだけ大きくしてやろうというような、虚栄心や野望にとらわれるのではなく、やはり100年単位で、自分の会社をどういう会社にしていこうかと考えていく必要がある。それが経営者という立場である。

もちろん自分が100年後にいるわけはないが、100年後に一つの夢を託して、部下に会社を手渡ししていく。そんなやり方のほうが、いいのではないだろうか。

「ゆっくり前進、しっかり歩こう」。

松下幸之助の足跡を思い浮かべながら、そういう考え方で着実な経営をやっていくのが一番ではないかと思っている。

## 会社を少しでも長く存続させるために

ローマの哲学者セネカの著作『生の短さについて』の中に「人生は長い。しかし、真の人生は短い」という言葉がある。要は、人生は長いようだが、実際には睡眠とか、食事とか、仕事とか、たわいもないおしゃべりとか、はたまた娯楽、あるいは飲酒などに、日々の多くの時間を費やし、自分を見つめる、考えるという真の時間がほどんどないだろうということだ。

同じようなことは、吉田兼好《よしだけんこう》も、「一日のうちに、飲食《おんじき》、便利（トイレ）、睡眠、言語《ごんご》（おしゃべり）、行歩《ぎょうぶ》、やむことを得ずして、多くの時を失ふ」（『徒然草《つれづれぐさ》』）と言っている。われわれは、そういう日々を過ごしている。ならば、そのことを意識して、最期のときに、充実した日々であったと納得する過ごし方をすべきだろう。

台湾の故・李登輝《りとうき》元総統が、「メメント・モリ（memento mori）」という言葉を引用して、「死があるから生を意識し、それ故、その生を充実して過ごすべきだ」と、よく言っていた。

このことは、経営者としても意識しておく必要があろう。そもそも、永遠に会社が存続することはまずない。日本の企業総数は382万社。そのうち100年企業は、3万3076社しかない。1000社に8社程度。世界の100年企業に至っては、日本の100年企業も含めて、8万66社しかない（2020年3月現在）。いかに100年間、会社を継続させることが困難かがわかる。

そういえば、サンヨーも消えた。拓殖銀行も消え、シャープも実質、日本から消えてしまった。それ以外にも多くの企業が消え去っている。

今の時期、厳しい時期、このコロナ禍の中で、会社は一瞬にして消滅することを目の当たりにしている。だからこそ、メメント・モリ、懸命に取り組み、格闘すべきではないか。「短い会社の命」を承知し、少しでも「長く経営したい」と思うならば、今、全力を出し切って経営をすべきではないか。

そして、会社として少しでも永らえたいと願うならば、希望を掲げ、夢を持ち、目標を示し、志《こころざし》を立てることだろう。そして、覚悟し、社員全員の心を一つにして、挑戦し、継続し続けることだ。そのために、社員に方針、すなわち社員が仕事に取り組んでいくための判断基準、行動基準を明確にする必要がある。いや、社員のため以上に、経営者自身が経営を進める精神的支柱として、その方針を提示することは、会社を少しでも永続させるための絶対必要条件と言えるだろう。

また、なによりも社員にやる気をもたせ、打って一丸となるような策をとることが大事。そのためには、「肩書呼称をやめて、さん付け呼称にする」などといった姑息《こそく》な対応はすべきではなく、経営者自身が「権威」を保ちつつ、和顔愛語の雰囲気を自ら醸し出すべきだ。「権威を保つ」とは、「為すべきことを為し、為すべからざることは断じて為さない」という姿から生まれる。言ったことは必ず行う。約束したことは必ず実行する。公序良俗に反することは断じて行わない。そういうところから、権威というものが生まれてくる。

社内の風通しが悪く、社員が暗澹《あんたん》たる気持ちで仕事に取り組むようでは、社員の覚悟も、やる気も生まれてこない。社員の結束なくして会社の成長はない。

会社の業績が伸び続けるのは、社員の結束力、懸命な努力による。経営者の貢献度はわずかなものに過ぎない。逆に、成果が上がらないのは、経営者一人の責任であって、社員の誰の責任でもない。彼が成果を上げなかったのだと言っても、では、その彼を担当者にしたのは誰か。いや、あの課長だ、と言っても、では、課長にしたのは誰かということになる。結局は、経営者一人の責任だろう。

そういうことが自覚できる経営者の会社が、１００年ぐらいは生き延びることができるだろう。

なによりまた、会社の永続を願うのに社員の結束が絶対必要条件ならば、経営者は事あるごとに社員に意見を求め、社内の衆知を集めることに努めるべきだ。社員を経営の「蚊帳《かや》の外」においてはならない。常に「蚊帳の内」に入れることが肝要。そうすれば、社員たちが心を合わせ、経営者を中心に力強い経営が可能となる。いわば、「衆知経営」である。

そして、普遍的道理として、経営の根底に、いわば経営の土台に、「人間大事」の哲学をしっかりと血肉にしておかなければならない。このことは、経営者が繰り返し自分に言い聞かせるとともに、社員にこれでもかこれでもかというほどに機関銃のように言い続け、経営者、社員共通の「自然意識」にしていくことが大事である。この土台の「人間大事」の経営哲学が社内に貫かれないならば、100年はおろか10年、もっても25年で会社を閉じることになるだろう。

真の人生は短いと、セネカも兼好法師も言ったが、経営はさらに短いと言える。明日、自分の会社は消滅するかもしれない。常に、そういう意識をもって、日々の経営に命を懸けて取り組むならば、多分、100年は超えることができるのではないかと思う。

# 松下幸之助に仕えた日々　1

PHP研究所創設35周年イベントの懇親会で、社員による寸劇「水戸黄門」を観て大笑いの松下氏と著者。松下氏は昔から「水戸黄門」が大好きだった。

# 第2章

# 企業としての心得・商売の心得

## 松下幸之助が実践したこと

## 「企業は公器」の考えが経営の出発点

松下幸之助の経営は非常に力強く、また、その実績は目を見張るものがあった。23年間、とりわけ、間の15年ほどを、それこそ昼夜を問わず、休みもなく「松下幸之助」と直接、雑談も含め接し続けてきたが、時折、この人が7兆円の会社をつくり上げた人かと思うほど、恐る恐る経営をしているように感じるときがあった。にもかかわらず、松下電器を語るとき、あるいは経営を語るとき、烈々として周囲を圧倒するごとき光景に、普段の「松下幸之助」との落差を感じざるを得なかった。なぜだろうか。

それは、松下が「企業は公器」「会社は天下のもの」という考えを持っていたからではないか。

「松下電器は自分個人のものではない」、また、「その活動は私的活動ではない。多くの人たちのお役に立つための会社」「天下の企業」「松下電器は公器、天下の会社」という絶対的信念を堅持していたからではないかと思う。

すなわち、業種、規模の大小のいかんにかかわらず、すべての企業に共通して言えることは、その企業の活動が直接、あるいは間接に、人々の生活に役立つものであって初めて成り立つということである。

人間は誰しも自分の生活を向上させたいという願いを持っている。そして、その願いを満たすためには、さまざまな物やサービスが必要である。それらをより安く、よりスムーズに供給するための使命を担っているのが企業というものだといえよう。いわば、「天下の要請」があって初めて成り立つのである。

したがって、企業は形の上では株主の出資からなる株式会社、すなわち法律的には私企業であっても、その本質においては公のもの、天下のもの、つまり「社会の公器」だといえる。少なくとも松下はそう考えた。

事業は単に、「私のため、自分の利益のため」に行うものではない。社会の人々の生活を向上させ、社会を発展させるために行うものである。経営のすべての出発点は、「企業は公器」ということ。

例えば、そうであれば、「人を育てる」ということもまた「公事」となる。あくまで、私のためではなく、公の使命を達成していくための人の育成である。そう考えれば、そこにおのずと一つの信念が生まれてくるのではないだろうか。

経営者もさまざまな感情を持った人間であるから、社員の中には気が合う人もいれば、どうも虫が好かないという人もいることだろう。そこで、ともすると、能力とは関係なく、気が合わない人を遠ざけ、気の合う人を近づけるということにもなりがちである。また、叱るということを考えても、私的な感情だけで叱ったり、あるいは情実にとらわれて、好ましくないことがあっても見過ごしたりすることをしがちである。

しかし、企業は「社会の公器」であり、人を育てるということも「公事」であるならば、そうした私的な感情で、なすべきことを怠るということは断じて許されない。経営者は、あくまで「人の育成は公事である」という観点から、私心にとらわれないよう心すべきである。

私心なく、誠意と熱意をもって指導する経営者、責任者の姿に、部下は心を開き、そうであればこそ懸命に自らを磨き育てていくのだと思う。

また、「企業は公器」ということを考えれば、社員、とりわけ経営者は、「公人」であると考えるべきだろう。いや、少なくともその自覚を持つことが、世間様に対する責任であるといえる。

何も、「公人」は政治家や官僚、役人たちだけではない。であるとするならば、経営者は、少なくとも公序良俗に反するようなことは許されないと自覚、実行すべきだろう。民間人ではない。公人としての責任を常に意識し、矜持《きょうじ》を持するものでなければいけない。

そして、そこに幹部、経営者としての仁徳が身について、やがて、「人徳」となって多くの人たち、社員から敬慕され、会社もまた、おのずと「社徳」を得、製品もサービスも、「品格」のあるものになり、それが会社の発展につながっていくことは間違いない。

松下が「企業は公器」と感得した、それを根底にして経営をすれば、多くの人たちがこぞって喜び、受け入れてくれるだろう。

また、経営者としても、その経営を語り、取り組んでいくときに、他が近寄りがたい迫力で経営を展開していくことができる。

経営は個人的にやっている。会社は、店は、私的活動、自分が儲けるため会社を大きくしたい、それだけの思いであれば、あるいは願いであれば、世間様からも見抜かれ軽蔑され、また、そういうところから、世間様が気付かなかったらいいなどという思いが生まれ、多少の不良品、これぐらいなら手抜きをしてもいいだろうと考えるようになる。そして、それが致命傷になって、あっという間にそういう会社は跡形もなく消え去る。

「企業は公器」。常に経営者はしっかりと心得ておきたい。

# 商売の出発点・経営の出発点

令和7（2025）年に再び大阪・関西万博が開催される。ふと思い出した。半世紀前の昭和45（1970）年の大阪万博のとき、松下電器はパビリオンを出した。松下幸之助のアイデアにより大きな池をつくり、その真ん中に橋を架けて奈良時代の建物を模したものであった。他のパビリオンがモダンなものだったから、松下電器のパビリオンは、世界中のマスコミによって取り上げられた。

ある日突然、松下がその会場の様子を見にきた。5月の暑い日であるにもかかわらず、松下電器のパビリオンには、延々長蛇の列ができていた。池の真ん中にパビリオンをつくったため、日陰、木陰がなく、直射日光が当たるという状態であった。

その列を見て、松下は長蛇の列の一番後に並んだ。入るのに、いったいどれだけの時間がかかるのかを自分自身で確かめるためであった。

事前に連絡していたわけではなかったため、パビリオンの中の事務所のモニターテレビを見ていた担当者は、「どこかで見たおじいさんが並んでるなぁ」といった感じだったらしい。「あれは、松下幸之助さんに似た人……」。しかし、もし本人であれば、いつものように連絡もあるし、また、通用口から入ってくるだろうから、本人だとは思わなかった。モニターテレビの画面に映る姿が徐々に大きくなってくる。うん？　待てよ。どう見ても松下幸之助ではないか。担当者は半信半疑で外へ出て確認しにいった。

行ってみると、松下が列の真ん中に立っていた。松下グループの中にいる者から見れば、はるか雲の上の人であり、本部長クラスでも、そう簡単に会える機会はなかった。担当者は緊張と暑さで体中から滝のように汗を流し、「並んでいただかなくても、いつものところからお入りください」と言った。

すると、破顔一笑、「あんたら、心配せんでええ。さっき、来てみたんやけどな。えらいたくさんのお客さまが並んでくれている。で、いったい、中に入るまで、どれだけ時間がかかるのか、今、わしは計っとるんや。だから、心配せんでええ」。松下はそう答えた。75歳であった。結局、2時間近くも並んでようやく入ったのである。

入るとすぐに、松下は係の人たちを呼んで、すぐに二つの指示を出した。第一に、できるだけ待ち時間を少なくするために、新しい誘導方法を考えること。第二に、並んでいる人たちのために、日よけをつくること。その結果、館内の誘導方法が改善され、野点《のだて》用の大日傘が立てられるとともに、パビリオンに入ってくださるお客さまに、紙の帽子が配られるようになった。

紙の帽子といっても、白い紙を巻いて配るだけでは壊れやすい。また、雨が降れば濡れて破れてしまう。そこで、紙の上から水をはじく印刷をすることにした。そして「ナショナル」といった文字を印刷した。この帽子を列に並んだお客さまに一つ一つ係の者が配るようにしたのである。

お客さまはパビリオンを出た後も、この紙の帽子を捨てなかった。万博会場は広く、夏の最中にやっているため、当然のことといえば当然のことであった。

ふと見ると、他の電機メーカーのパビリオンの列に、「ナショナル」と印刷された帽子をかぶった人が並ぶようになっていた。他メーカーのパビリオン担当者は、最初は松下電器の人かと思ったという。しかし、それにしては数が多い。調べてみると、一般の人が松下電器のパビリオンで配られた帽子をかぶっていることがわかった。それを見て、他のパビリオンの人たちは、「松下幸之助さんは、やはり商売上手だ。この万博の会場を宣伝の場に使う」と言った。

しかし、そうではなかったことは、賢明な読者諸氏には、すでにおわかりいただいていると思う。松下は宣伝のために帽子を考えたのではない。並んでくださっているお客さまに、少しでも暑さをしのいでいただきたいという松下の思いで、帽子がつくられたのである。確かに、結果としては、「ナショナル」のロゴ入りの帽子をかぶった人たちが会場内を歩くことになったが、その発想は宣伝のためではなかった。

実は、これこそが商売の順番、経営の順番の「出発点」だということではないだろうか。

経営や商売は厳しいものである。「何とか自分の会社、自分の店は儲かりたい」と考える。まず自分の目の前のことを考えてしまいがちになる。

そうではなくて、どうすれば皆が喜んでくれるだろうか、どうすればお客さまの幸せにつながるだろうかということを、常に「出発点」として考えることが大切なのである。

自分一人のことしか考えなければ、1の単位でしか成功しない。自分の会社のことだけしか考えなければ、1の単位でしか会社は発展しない。しかし、100人のことを考えて100人が皆喜んでくれるとき、その100人から戻ってくる波は一点に集中する。すなわち、100の単位の成功が得られるということである。そのことを知っておくことが大切ではないかと思う。

## 当たり前のことを当たり前にやる

あるとき、取材に来た新聞記者が、「松下さん、あなたの会社は非常に急速な発展を遂げましたが、どういう理由でそうなったのか、成功したのか、その秘訣《ひけつ》を聞かせてくれませんか」と尋ねたことがあった。

松下幸之助は即座に、その記者に逆質問をした。「あなたは雨が降ったらどうしますか」。その予想外な逆質問に、記者は非常にびっくりした顔つきで、しばらく戸惑ったが、ぽつりと答えた。「傘を差しますね」。

松下は笑顔で、「そうでしょう。雨が降れば傘を差す。当たり前ですわな。そこに、ぼくは発展の秘訣というか、成功というか、商売のコツ、経営のコツがあるんじゃないかと思うんですわ」。

雨が降れば傘を差す。そうすれば濡れないで済む。いわばごく平凡なこと。当たり前のことである。商売、経営に発展の秘訣があるとすれば、それはその平凡なことを、当たり前にやるということに尽きるのではないか。松下の言おうとしたのは、そのことであった。具体的に言えば、100円で仕入れたものは、適正利益を加えてお客さまが買ってくれると思われる価格、例えば、百数十円で売る。売ったものの代金をきちんと集金する。当たり前の商いの道、経営の常道である。

その常道をきっちりと行わないとすれば、それは、雨が降っても傘を差さないということと同じ。雨が降るのに濡れ放題というのは、よほど奇矯《ききょう》な人でなければやらないだろう。

ところが松下が長年の商売の体験、経営の経験の中で見ていると、商売や経営のこととなると、当たり前のことをやらない人が少なくない。売ってもすぐに代金を回収しない、買ってもすぐに代金を支払わない。

日本学の泰斗《たいと》であり、『日本人とユダヤ人』、『「空気」の研究』などの著作で有名な、故・山本七平《やまもとしちへい》先生が松下に、その記者と同じく、「松下さんの成功の理由は何ですか」と尋ねると、「それは、無理をせなんだからですわ」と答えた。

山本先生は後日、私に笑いながら、「いかにも〝なるほど〟と思わされるような、もう少し箇条書き的で、具体的な答えをされるかと思いましたが、肩透かしを食ってしまいました」と言われたことを覚えている。しかし、その口振りから、先生にとっては、よほど印象深いやりとりだったようだ。

先生はもちろん、評論家として有名であったが、一方、キリスト教関係では第一級の出版社である山本書店の店主（社長）でもあり、経営者としても活躍しておられたから、同じ経営者の立場という意味でも松下の回答は興味深く、印象深かったらしい。

山本先生は「松下幸之助の言語能力」の非凡さについて、「山本七平ライブラリー」の『「あたりまえ」の研究』（文藝春秋刊）で詳しく述べられているが、一見平凡な言葉を語っているだけなのにもかかわらず、確かに松下の言語能力には特別なものがあった。また、特にその説得力は、そばにいて感心することが多かった。

インタビュー記事のために成功の秘訣を尋ねられたら、普通ならば、若いころの苦労話や決断の時期、人生訓などを話す人が多い中で、「あなたは雨が降ったらどうしますか」と切り返し、一方的に質問させるのではなく、相手に考えさせる。相手にも考えさせながら、たちまち自分の世界に引き込んでしまう。

言葉の説得力については、別の機会に譲るが、評論家の田原総一朗《たはらそういちろう》氏のインタビューにも松下の姿勢がわかりやすく表れていた。電気器具を製造する企業なのだから、土地で儲ける必要はない。それをやったら、その土地を必要とする人が困るではないか。電器屋は電器屋。本業に徹するという、ごく当たり前のことをやればいい。平凡にやるべきことを、きっちりとやっていればいい。それが「王道の経営」だということを、実に平易に、しかし、説得力のある話をしている。

だが現実には、儲かるとなると、土地を買わずに自己抑制できる経営者は少ない。儲かりそうだとなれば、何にでも手を出す「ダボハゼ経営者」が多い。

松下は、1980年代の、あの土地ブームのときにも、本業に徹し切って、絶対に土地に手を出さなかった。多くの経営者が、一足飛びに儲けようとして大火傷《おおやけど》を負った。結果、七転八倒。倒産させた経営者もいた。

しかし、経営者として、会社として、本業に徹し、やるべきことをやっていれば、一歩一歩は亀のような歩みかもしれないが、会社は力強く着実に発展をする。一段一段、確実に階段を上《のぼ》っていく。それゆえ、つまずくこともない。転落することもない。

無理なく平凡に当たり前のことをせよ。商売人が、経営者が適正な価格で品物を売り、きっちりと集金をする。当たり前のこと。その当たり前の積み重ねが大きな成功をもたらすのだ。

成功の要因というと、華々しいエピソードやユニークな手法を期待してしまうが、実は、「当たり前のことを当たり前にやる平凡さ」の中にあることを、松下が教えてくれていると思う。

# ファンができれば事業は成長する

松下幸之助は、「お客さまづくり」をしなかった。などと言うと、「商売の神様と言われた人。そんなことはないだろう」と思われるかもしれない。もちろん、お客さまを大事にしたことは確か。しかし、それだけではゼロから出発した会社を一代にして、しかも、本業一筋で70年間7兆円の企業にすることはまず不可能だろう。

それを実現することができたのは、「お客さまづくり」と同時に、「ファンづくり」をしたからではないか。もちろん、松下自身が意図して「ファンづくり」をしたわけではないが、結果として「松下幸之助のファン」ができ、「松下幸之助ファンクラブ」が自然発生的につくられたからだと言えるのではないかと思う。

そのそばで仕事をするようになって、3年目か4年目のころだったと思う。夕方に知らない人から電話がかかってきた。「ご用件は?」と尋ねると、「とにかく聞いてほしい。そして、松下さんに、私が大変感激しているということを伝えてほしいんだ」。そして、私が断る返事をする間もなく、「これから行くから」と言う。

その人が来たのは、とうに就業時間が過ぎた午後7時ごろだった。大阪高槻《たかつき》の小さな会社の経営者であったが、応接間の椅子に座るやいなや、熱心に話し始めた。

数日前、夫婦で東京での仕事を終えて新幹線に乗ると、通路を挟んで斜め前に松下が座っていた。「驚いた。松下さんは憧れの人。何とか言葉を交わせないだろうか。挨拶だけでもいいから」と、隣に座っていた奥さんに話をすると、「あんたが誰かわからないのに、松下さんともあろう人が応じてくれるはずもないし、こんな大勢の中でみっともないことはやめて」と。「確かに、そうだ」と一旦は諦めたが、どうしても気になるし、言葉をちょっとでもいいから交わしたい。ブツブツ言っていたら、家内が「うるさいわねぇ、そんなに松下さんと話したいなら、みかんを買ってきてお渡ししたら。ありがとうぐらいは言ってくれるでしょう」と言う。「それはいい」と思ったその人は早速、みかんを買って松下に手渡した。「これ、どうぞ」。

突然のことに松下は一瞬驚いた表情をしたそうだが、「ありがとう」とお礼を言って受け取った。それをきっかけに、15分か20分ほど話ができた。「うれしかった。天にも昇る思いとはこのことですよ」と、とどまることなく話をする。

「ところがです」と、急に話しぶりも感じ入ったように、「松下さんは、京都駅で降りられましてね」。その人は、新大阪で降りる。座席に座っていると、「松下さんが私たちの席に来て、先ほどのみかん、ありがとう。おいしくいただきました、とお礼を言われるんですよ」。

聞き流している私の表情を読み取ったのか、それからはテーブルを時に激しく叩きながら話を続けた。

「ところが、松下さんはホームに出て、そして、私たちに窓越しに頭を下げて一礼してくれたんです。しかも、新幹線が動き出すまで私たちを見送ってくれたのです。たったみかん一袋を差し上げた。それだけですよ。私は思わず、松下さんの姿が見えなくなるまでと思い、窓ガラスに顔をつけました。が、その松下さんの温かい心に私は涙がこぼれましてね。感激しましたよ。

私は会社に帰ると、すぐ出入りの電器屋を呼び、『この会社とわが家にある電器製品という電器製品を、全部ナショナルに替えてくれ。電球一つも替えてくれ』と指示しました。全部替えました。江口さん、私が言っていることが本当だということを見てほしい。今からすぐに行きましょう」。

すでに夜9時を回っていた。さすがに「ご勘弁を」と辞退申し上げた。そのようなエピソードが松下にはいくつもある。

松下が「お客さまづくり」のみであったならと、このことを思い出すたびに思う。当然、ファンになってくれた人たちは、自ら熱心に、あちらこちらで松下幸之助を語り、松下電器の製品の私設普及マンになってくれる。松下電器の営業マンの人数をはるかに超えて、多くの人たちが「松下さんの会社は素晴らしい、そこの製品をお使いなさい」と、それこそ社員以上に熱心に言うのであるから、松下電器は売り上げも伸び、利益も上がらぬはずがない。

多くの先人も言っているが、松下の言葉にも「道ゆく人は皆、お客さま」という言葉がある。まさに、「お客さまづくり」もさることながら、お客さまでも、そうでない人でも、「人間として、誠心誠意、真心を込めて丁寧に接したこと」が、結局は松下幸之助ファンをつくり、いわゆる「松下幸之助ファンクラブ」が形成されたのではないか。

「お客さまづくり」だけであるならば、せいぜい算数級数的の拡大で終わる。しかし、「ファンづくり」によって、指数関数的成長を遂げるということは、知っておいたほうがいいかもしれない。

# 道ゆく人は皆、お客さま

会社が大きくなって安定し、創業時の苦労を知らぬ社員が増えてくると、商品を買ってもらうことが当然だと思うようになる。資材の仕入れ担当者などの権限はかなり大きくなっているから、相手先の業者に威張る人も出てくる。しかし、そう考える人が増えてきたら、その会社は危険な状態になっていると思わねばならない。

しかも今の豊かな日本では、自分が貢献して大きくした会社でもないのに、最初からすっかり大企業気取りの横柄な新入社員まで現れる。世界中の自動車メーカーに、ある部品を供給している日本の中小企業が、1社にだけは部品供給しないと聞いたことがある。その理由は、コストでも納期でもない。仕入れ担当の傲慢な態度であったという。

「道ゆく人は皆、お客さま」。松下幸之助はかねがね社員にそう教えていた。

松下電器の新しい工場を建てるときのこと、「松下電器の製品は建設に関係のある品物がたくさんあり、松下電器が建築会社さんにご注文を申し上げる金額よりも、建築会社さんにわが社の製品を使っていただく金額のほうが多いということを、よく認識していただきたい」と言い聞かせた。建築を発注したこちらがお得意先かと思えば、あにはからんや、建築会社さんこそわが社の大切なお得意先だというわけである。その建築会社の人が挨拶に来られたとき、ぞんざいに扱っていれば「なんだ偉そうに。今後は他の会社のものを使ってやろう」と思うのが人情だ。「自分は『仕入れをしている』と思っているが、実は相手にそれ以上のものを買ってもらっている、という考えを頭において誠心誠意接するならば、相手のほうもきっと好感を持つし、今度の建築にはひとつ松下電器のものを使ってみようではないか、ということにもなります」。

そうしたちょっとした心構えの差が、結果として長い間に雲泥の差を生むということを、松下は体験的によく知っていた。

仕入係は仕入先に、ついつい上に立ったモノの言い方をしがちである。しかしよく考えてみれば、その仕入先が実はお客さま。ましてや電気製品といえば世間の隅々まで、いかなる人でも使ってくださるもの。だとすれば、道ゆく人は皆お客さまだということになる。「それはたまたま電気製品だったから」と思うかもしれないが、後に松下グループの仕事は多岐にわたり、各分野で成長を遂げたのは、やはりその姿勢に普遍的な成功の理由があると言えるのではないだろうか。ここまで書いて、ふと思いついた。松下はひょっとすると単なるお客さまではなく、お客さま以上のお客さまをつくっていたのではなかったか。それはファンである。松下はファンをつくっていたと思う。

東京の三番町に東京本部があったころの話である。午前中から東京本部に来ていた松下がお昼になると、「江口くん、どこか食事に行こう」と言う。某ホテルに、ミシュランの三ツ星だったか忘れたが、「フランス料理のお店が、最近出たそうですが、日本料理で、小ざっぱりしたお店を探しましょう」と言うと、松下は意外にも、「そのフランス料理を食べに行こう」と言う。私の名前で予約をして出かけた。個室ではなかったから、多くのお客が、小声で、「松下幸之助さんじゃないの?」とあちこちで囁くのが聞こえてくる。案内されたテーブルに着いて、軽めの料理を注文した。間もなく、料理が次々に運ばれてくる。私は、どれも完食したが、80歳過ぎの松下は、どの料理も、少しずつ、箸《はし》をつけるだけで、食べ残している。やはり、日本食がよかったかな? まずいのかな? と思っていると、松下が、「シェフを呼んでくれ」と言ったのには驚いた。やはりまずいのか、口に合わないと言うのかなと思いつつ、シェフに恐る恐る告げて、松下のテーブルに来てもらった。シェフは帽子を両手に、かなり緊張し、こわばった表情で、「なにか、お呼びでしょうか」と言うと、松下が、「あんたなあ、わしが料理を食べ残したけど、気ィ悪ぅせんといてな。料理は美味しかった。しかし、わしは、もう80歳や。食が細いんや。まずくて残したんやないんや。許してや」。その言葉を聞いたシェフは、途端に破顔し、「いや、結構でございます。ご来店いただいただけでも光栄で」と緊張もどこへやら、足取りも軽く戻っていったことがあった。

後日、そのホテルの専務から電話があり、「松下様が、当ホテルのレストランにお越しいただきまして、ありがとうございました。シェフから聞きましたが、シェフが感激しておりまして、すっかりナショナルファンになった、これから電器製品はナショナルにするんだ、と申しております。くれぐれも、松下様に、シェフが喜んでいたということをお伝えください」ということであった。

新幹線でのみかんをくれた人もそうだが、松下が、誰に対しても「道ゆく人は皆、お客さま」という心で接していたことがわかる。

松下幸之助は常にこの姿勢で経営に取り組んでいた。道ゆく人すべてに心を尽くし、誠を尽くし、礼を尽くした。そこにお客さま以上のお客さまができ、そこに松下幸之助の会社が幾何級数的に拡大した理由があると言えるであろう。

一見些細なことのように見えるが、しかしそれはやはり経営の秘訣だと言っていい。誰に対しても真心を尽くすところに経営の王道があり、企業発展、事業成功の鍵があるのではなかろうか。

## 「いいものを、安く、たくさん」は経営の神髄

「いいものを、安く、たくさん」つくるということは、まさに古今東西を問わず、また、これからも生産者の使命であると断じていいのではないかと思う。

昨今はこの考え方が「日本的経営だ」「どの時代でも通用する普遍的なものではない」、そればかりではなく「いいものを安く売ってはいけません」などと批判する人々がいる。経営をやったことのない評論家が批判するのは仕方ないとしても、例えば、ある現役の経営者（イギリス人の在日経営者）が批判するとすれば、まさに愚かと言わざるをえない。そんな人間を「経済人」と捉えてはいけない。

「いいものを、安く、たくさん」という考え方は、決して「日本的経営の特徴」ではない。世界中の経営者、産業人が、さらには人類が昔から求め続けてきたものである。この考え方がなければ、今日の科学の発展も技術の進歩も、人々の幸福もなかったであろう。

考えてみれば、「いいもの」というコンセプトと、「安い」というコンセプトと、「たくさ

ん」というコンセプトは相矛盾する考え方である。「いいもの」をつくろうとすれば、手間もかかり、素材のコストも高くなる。しかも、たくさんつくるとなれば、本来は不可能に近い。その不可能を可能にすべく、科学者、技術者、産業人が必死の努力をしたからこそ、今日の社会の発展を見ることができたのである。

「いいもの」には、まだいくらでも課題が残っている。ことに環境問題が重要な21世紀は、ますます地球に優しい製品をつくっていかなければならない。これからはゴミにならないような、例えば埋めれば土に還る素材で自動車や電器製品をつくるぐらいの発想が必要だろう。ますます「いいもの」をつくっていかなければ、人類が生きていけない時代がきている。

「安く」も同様である。そもそも日本の食料品、建築費、あるいは公共料金のどこが安いのだろうか。耐久消費財にしても、十分に安いと言えるのか。庶民にはそのような間延びした感覚はない。

「たくさん」ということも、「際限なく」ということではない。「集中豪雨的」と混同する人もいるが、言うまでもなく「欲しい人が買える分だけ十分に供給する」ということである。そのようなことは、誰でも容易に理解できるだろう。その数量よりも少ない生産を続ければ、需給のバランスから「安く」はしないし、その数量よりも多くつくり続ければ、在庫過剰となって企業そのものが存在しえなくなるからである。

そもそも「いいもの」を「安く」「たくさん」つくろうとする努力がなければ、企業は怠惰に陥るばかりである。果たしてそのような企業が存続可能かと訝《いぶか》しく思う。

松下幸之助本人は、その呼称を使用していないが、一般に「水道哲学」と呼ばれる「いいものを、安く、たくさん」という、松下の考え方の向こう側に「金儲け」の考えはない。人々に喜んでもらうために、人々に幸せをもたらすために、「水道の水のように、いいものを、安く、たくさん人々に提供すること」が産業人、実業人の使命だと考えたのである。

さらに言えば、「いいものを、安く、たくさん」という考え方は、松下の発見ではない。それは、古今東西の多くの産業人が求めてやまなかったもので、日本の産業人だけではない。早い話、イギリスで発明された蒸気機関にも言える。本来相矛盾することに挑戦し、不可能を可能にする必死の努力を人間が続けてきたからこそ、私たちの今日があるのではないか。

だからこそ、今でも先進国は、賃金の安い中国をはじめ東南アジアに生産拠点を置く。他の先進国は、そうして少しでも安く生産し、日本には、いいものだから高く売れと言うのは奇妙という以外にない。

もしも、日本のどこかの企業やお店が、その外国人経営者の言う通り、「いいものだから、高い価格で、少しだけ」生産したい、販売したいと思うなら、そうやってみるがいい。たちまちにして倒産消滅するだろう。

回転寿司は、それまで高価な寿司を味も良く安い価格で十分につくるから人気がある。それは、大衆にとっての喜びである。あるいは、いわゆる「百均」、百円均一、さらには「ワンコインショップ」、五百円均一の店は、どの店も大抵繁盛している。アイデア商品、品質のいい商品を安く提供してくれるからだ。

かのイギリス人経営者は、今のままでは、これから日本は人口減少で客が減る、労働者が減る、社会保障費用を負担する人数が減る。生産性を高め、いいものは高く売れと言う。それを言うなら、行政のムダ、政治のムダを指摘すべきだろう。このイギリス人経営者は、「減税が社会保障」ということがわかっていない。また、「国民が豊かに元気になることが、国家が豊かに元気になるということだ」ということがわかっていない。

「いいものを、安く、たくさん」という使命を貫き通す経営者、企業こそ、「大衆に幸せを売る経営者、企業」であると言えるだろう。

# 適正利益を上げてしっかり納税

過去、日本でしばしば、企業が利益を追求することに対して、何か悪いことをしているように言う人たちがいた。その意見は意外に根深く、今でも企業が労働者や消費者から、強制的にお金を吸い上げているかのように言う学者やジャーナリストがいる。

確かに、データ改竄で不良品を出荷したり、不正会計の経営で利益を上げようとする会社もあるから、そういう主張が全面的に間違っているとは断定しないが、それを挙げて全体を判断するのは、木を見て森を見ずの議論。普通の会社がそのようなことをしたら、たちまち信用を失って倒産である。日本企業の多くは真面目に努力して社会の役に立つ商品をつくっている、健全なモラルの持ち主であると言っていいのではないか。

松下幸之助は、次のように考えていた。企業には適正な利潤を確保する義務がある。適正な利潤を確保することによって、社会性が高まっていく。社会性とは、例えばわかりやすく言えば、会社が利益を出すから税金が払える。その税金があるから、公共施設をつくることや社会保障が可能になる。

中小企業から大企業まで、会社が利益を生まなければ、社会保障費も公共事業費も教育予算も防衛費も減ってくる。また、歳出の2割を超える国債の償還も利払い費も出ない。地方財政を支える地方交付税も地方税も国庫支出金も減額されることとなる。発展途上国へのODAも出せない。

現在、社会保障や公共事業費があまりにも肥大化し、事業内容が硬直化しているので、見直し論が高まっている。もちろん私も見直しを主張している。具体的な方策についても拙著『地域主権型道州制の総合研究』で述べている。だから、企業が利益を生んできたおかげで、毎年道路の同じ個所が掘り返せるし、誰も使わないまこと立派な市民会館、美術館、オペラハウスまでつくれる……などという皮肉はひとまず置いて、本質的な話に絞ろう。

今の日本では、赤字になると法人税を払わなくていいシステムになっている。だからわざわざ赤字にする大企業の有名な経営者さえいた。それを誇らしげに語る愚かさが、その経営者の品格の欠如を感じさせる。そういう経営者を松下は決して評価しなかった。むしろ赤字を出すことは罪悪だとさえ決めつけていた。

企業が活動するためには道路、港湾、空港といった社会施設を使う。警察にも消防にもお世話になる。国が正しく外交、防衛努力をしているから、海外との取引も安全に行える。

従業員も義務教育を受け、国立大学ばかりか私立大学にも助成金が出されているから、それも公費、国費。したがって、納税は重要な社会的責任である。

しかし、赤字になれば、タダで公共施設を使っていることになる。国民や黒字企業が汗水流して納めた税金でつくられた道路、港湾、空港を「赤字で税金が払えません。しかし、それらは使わせてもらいます」と平然と言う経営者が果たして人道的、道徳的に許されるのか。

赤字でも公共施設を使うとすれば、税金を払うべきだと私は思う。税収中立論で多少法人税を減税する代わりに引当金等に新たに課税しようなどと考える前に、筋から言ってこの赤字企業にもしっかり課税すべきである。せめて公共施設使用料として規模に応じて税金を支払わせるべきだろう。

それでは赤字企業が成り立っていかないというのならば、そういう会社はつぶれたほうがよい。正しく社会に貢献しないのに、どうして存在しなければならない理由があるだろうか。

ある日、松下のところに事業担当者が赤字の決算報告に来た。聞き終わった松下は、その担当者の顔を見つめながら問うた。「君、よもやここにくる道、その道の真ん中を歩いてこなかっただろうね。赤字を出した君は、道の端っこを小さくなって歩かなければならない」と諭している。私は実にいい話だと思っている。

経営者は「ずるく脱税して自分の懐《ふところ》に入れてしまえ」「会社は赤字でも構わない」という考え方に絶対陥ってはならない。そのような経営者を見て、部下はそのまねをするようになる。

いい物を安くたくさんつくれば、おのずと利益が生み出されてくる。利益が確保されてこそ、税金を納めることができ、税金を納める会社があればこそ、国家や国民全体の豊かさが可能になる。そこに企業としての誇りも生まれる。

それを言い換えれば、いい物を安くたくさんつくって適正な利益を上げることが、企業のまず第一の社会的責任だということである。私的に暴利を追求することは許されない。と同時に、企業が利益を追求することを悪いとする考え方もまたいびつである。

企業は適正利益を上げなければならない。いい物を安くたくさんつくって売って、適正利益を上げなければならないのである。それが国家国民のお役に立つ継続的な道であり、株主、社員に満足してもらう道であり、経営基盤を強固なものにしていく唯一の道であることをしっかりと覚悟して経営する。それが王道の経営であり、その王道を歩む経営者が真の経営者と言えるのである。

# まず正しさとは何かを考える

戦前の話であるが、ある電気器具をめぐって、業界で激しい過当競争が行われたことがあった。原価より安値で売る。これでは儲けるどころか損である。売れば売るほど損が出る。普通の頭で考えれば、過当競争はやめたということになるのが当然である。

ところが、競争というのは人の心を狂わせてしまうのか、損が出るにもかかわらず、なおその原価を割っての安売り競争は続けられた。それが1年近く続いた。そしてようやく、こういう状態は正しくないから、正常な値段に戻そうではないか、ということになった。

今日では独禁法があってそういうことはできないが、そのときには各会社、工場の首脳が一堂に会して、正しい価格に戻そう、そして、即日実行しようということに決まった。そこで松下幸之助は、その場で決めた通り、即日約束を実行した。

ところが、1ヵ月半ほどしてから、数人の取引先の人たちがやってきて、「松下君、君のところはけしからんぞ」と叱られたというのである。

「あの電気器具の値上げをなぜしたのか。協定したということだが、君のところだけ協定通り、即日値上げをしてしまった。誠にけしからん話ではないか。よそのメーカーでは、〝1万個だけは前の値段で納めますとか〟、〝1ヵ月間だけ前の値段でいきます〟というように、みんな勉強している。私は君のところから買っているが、君のところだけ決まったのだからといって、即日実行するとはけしからんではないか」

松下は驚いた。決していい加減な話し合いではなかった。みんな真剣に検討し、議論し、その結果決めたのである。ところが、その決めたことが守られていない。そして、守った自分が悪いように非難されている。これは一体、どうなっているのか。

そこで松下は、次のように話した。

「あれは、皆で即日ということを約束したので実行したのです。それを他のメーカーが約束通り実行していないということは、今日初めて知りました。だから、皆さんがそういう約束を実行しないメーカーのほうを頼りにされるのであれば、仕方がありません。もう、その品物は他社から買ってくださっても結構です。

私は、あの約束は正しい約束だと考えています。今まで愚かな過当競争、原価割れの競争をやっていたのを改めるための正しい約束です。もし、そのようなことを続ければ、最後に残るのは1社だけ。1社だけになれば、今度は値段を天井知らずで上げてしまう。結局は、お客さまに迷惑をかけるということになります。ですから、私はキチッと約束を守りました。もし、私の考えに納得できないと言われるならば、以後取引していただかなくても、残念ですが、それはそれで仕方がありません」

すると、今まで苦情を言っていた取引先の人たちも黙ってしまった。そして、先ほど非難めいたことを言っていた人も「それは松下君、君は間違っていない。立派だ。今後とも君のところから買うことにする」となったという。

結局、この出来事によって「松下の会社は、約束したことは、必ず守る会社だ」と逆に信用が増した。そして、商売も今まで以上にスムーズにいくようになったと、松下が話してくれた。

まず、何が正しいかを考え、それを実行したことの結果である。

松下がよく話してくれたが、事に当たって、常にまず「正しさを考えろ」ということであった。「どう儲けるか」「どう売り上げを上げようか」「どういう策を立てるか」と考える前に、「何が正しいのか」「正しい仕事とは何か」を考えるように、とログセのように言っていた。

私たちは、何か問題を解決しなければならないときや、何か課題に取り組まなければならないとき、すぐにうまい方法はないか、手っ取り早く成し遂げる策はないか、他人より楽して儲けることができないかという考えに陥りやすい。われわれは、たまたま一度、近道を歩くことに成功して味を占めると、法に触れなければ手段を選ばず、非人間的なことでも法に触れなければ、と考えはじめ、やがては「悪の道」を真っしぐら。そして、破滅へという実例は、いくらでも挙げることができる。

問題や課題にぶつかる。そのようなとき、まず、この問題解決における正しい取り組み方は何かを考えてみる。そのことが、結局は王道の経営を展開する大前提になる。それを忘れた経営者が成功することは、不可能である。

部下は必ず上司のまねをする。上司が「非人間的行為」を容認すれば、部下もまた、容認する。そして、組織は必ず腐敗しはじめ、企業はゆっくりと崩壊の途をたどる。

しかし、それは誰が悪いのでもない。正しさを十分考え、実行できなかった経営者、正しさを守り抜けなかった、正しさを貫き通せなかった経営者に責任がある。

「正しい仕事」という言葉の意味は重い。だが、正しい仕事を日々積み重ねる以外に、成功への道はないのである。

# 競争がないのは不幸

国道を車で走りながら、面白いと思うことは、一軒だけポツリとできた店は大抵つぶれるということである。

ラーメン屋なら、その近くに数軒のラーメン屋ができると、結構どこも繁盛していく。パチンコ屋も同じ。自動車販売店、レストラン、ガソリンスタンド等も一軒だけでは発展しない。同じ業種の店が集まっていると、客も行きやすいから集まってくる。それだけではない。同業者同士の競争が生まれる。いかにたくさんの客を自分の店にひきつけるか。それぞれが工夫するから、さらに客が集まる。集まるから、その地域の同業者が正しい競争をする限り、すべて繁盛する。私もあなたもみんなで繁栄ということになる。

松下幸之助は「商売において、一人勝ちは真の勝利にはならない」としばしば強調していた。

競争を必要としない政府が行った仕事が、天文学的赤字と競争力のない特殊法人を生み出していることは、無競争の状態がいかに人間を堕落させ、経済を弱くするかを証明している。同時に競争といえども、ルール無視の競争を松下は許さなかった。大切なのは、正しい競争の結果の共存共栄である。競争はあくまでも手段であり、共存共栄の実を結ぶことが、その目的なのである。

手段と目的は、何事によらず明確に区別されなければいけないが、困ったことに時として、というより、往々にして〝手段が目的化〟する。つまり、何のための競争かがわからなくなって、競争のための競争というばかばかしいことが起きる。

相手が値段を100円下げたから、こちらは150円下げる。すると相手がさらに200円下げる……、というような値下げ安売り競争は、消費者にとっては一見ありがたい話にみえる。しかし、もともと会社とか店という供給側が過分の利益を得ていたのなら別だが、正当な利益を放棄し、原価を割ってしまうような「安売り」や「出血大サービス」などというものは、長続きするものではない。

利益の出ない仕事をやっている会社は、やがて社員に満足に給料も払えなくなるだろうし、外注先にも支払いが滞《とどこお》るだろう。一軒の乱れ、乱売安売りは将棋倒しに全般へ波及して、業界を混乱に導く結果となる。結局のところ、競争のための競争が各業界で高じると、経済全体は落ち込んでくる。国民の生活レベルも落ち込まざるをえない。

経済活動の停滞はまた、税収減をもたらす。現在、税金から収入を得ている日本国民も数多い。ここでも困る人は増えるだろう。

競争は無くてはならぬものだ。しかし、競争すること自体が尊いのではない。あくまでも到達目標は「みんなの繁栄」。国家国民に繁栄をもたらすための競争であるという認識を、みんなが持つ必要がある。そこで競争に、業界共通の利益が守られるような、明朗公正なルールが必要となってくる。

私は、企業の競争もスポーツのようにできぬかと思う。かつてアメリカのプロボクシングの有名選手が、相手の耳を食いちぎって失格になり、テレビの放映権料も含めて50億円近い収入をフイにしたことがあった。その際、レフェリーはただ一言「ボクシングは手で行うものである」と言って、失格を言い渡した。

ボクシングは手で行うもの。歯を使ってはならない。相手の耳を食いちぎってでも勝ちたいという闘志は、見方によっては素晴らしいと言えるかもしれない。しかし、本当に食いちぎれば闘う権利を剝奪されてしまい、収入の道を閉ざされる。スポーツには円滑に進めるためのルールがあって、それに触れれば減点、失格となる。ルールがあるからこそ、一見野蛮なボクシングも立派なスポーツとして成立する。それがなければ、無規範な殴り合いとなってしまい、ファンもそっぽを向いてしまうだろう。

あの試合を見ていた人は、全員「何とばかなことをしたのか」と思ったに違いない。しかし、私たちも日常の競争の中で、同様の過ちを犯していないか。勝つため、出世のためには多少の行き過ぎがあっても仕方ない、勝てば官軍と思っていないか。種々の企業の不祥事をみていると、競争のルール、人間としてのルール、人間として正しい言動決断とは何かを捨て去ってしまうところに問題があると感ずる。

しかし因果は巡るものである。結局は人間的ルールを捨て去った人が損をする。天網《てんもう》恢々《かいかい》疎にして漏らさず。瞬時に、あるいはいつの日か企業を亡ぼし、身を滅ぼす。産業人本来の使命が失われては、企業が存続する意味もない。

自分だけでなく、相手の繁栄を考え、社会全体の繁栄を考えて、道理にかなった競争をしながら商売に励むことである。万が一、時に勢いを得て「一人勝ち」することができても、それは長続きするものではない。いつか必ず自滅することは、昨今の倒産劇をみればすぐ理解できるだろう。むしろそのときに、共存共栄、お互いの繁栄を図るべく正しい競争に徹し、努力することが、長い繁栄の基礎を築くのだと、松下幸之助は教えてくれている。

# 宣伝は良品を知らせるための義務

最近の宣伝、広告の風潮を見ていると、とにかく面白ければよい、目立てばよい、記憶に残ってくれさえすればよいといった内容が多い。広告主も制作者も、時に広告のための広告をつくっているのではないかと感じさせられることがある。これは、その商品をつくった人にとっても不本意なことだろう。もちろん、企業のイメージ広告を意図してつくるという場合もあるが、それはそれ。多くは商品の広告宣伝である。松下幸之助は、「商品の宣伝や広告の本義は、そのようなところにはない」と言う。

「今度、こんなに良い製品をつくりました。これをお使いくだされば、必ずお客さまの生活の向上に役立ちます。暮らしが豊かになります」ということを広く知らせる義務が企業にはある。その義務を果たすために宣伝し、広告する、というのが松下の広告に対する考え方であった。

広告は、とかく売らんがための広告になりがちなものである。しかし、現場の制作関係者ならまだしも、経営者自身は、そういう考えを決して持ってはいけない。知らせる価値のあるものをつくって、初めて宣伝は許される。知らせる価値のないものは宣伝する必要はないのだ。いや、それ以前に、そのような物をつくるべきではないという考え方を堅持しないと、その会社は必ず堕落する。

電気の普及は、それまでの社会を一変させる一大改革であった。新製品は生活に変化をもたらし、間違いなく生活を向上させ、社会を豊かにするものであった。それらはすべて画期的な商品であったけれど、昔はその品質性能においてバラツキが大きかった。会社によっては、粗悪な商品をつくり、売った。そして、いかにも品質性能抜群というように宣伝し、広告した。

だから、多くの人たちが宣伝や広告に不信感を持った。宣伝を聞くとウソが上手、広告を聞くと商魂たくましく、説明が狡猾《こうかつ》だと思うようになった。実際のところ、顧客のためにならない、あるいは、いい加減な商品をつくりながら、消費者、お客さまをだまし、使い手の不便などいささかも考えず、とにかく売ればいい、儲かればいいと考え、そのために宣伝広告する商売人が多かった。

そういう世相の中で、良品をつくらなければならないこと、必ずや消費者、購入者に満足し喜んでもらえる商品を生産しなければならない責任のあることを、松下は鋭く指摘した。「良品を生産してこその宣伝、良品を生産してこその広告」、そう発言し、そう定義する松下の、そこにまたあふれるような物づくりに対する自信が表現されている。

人をだますための宣伝ではない。消費者をたぶらかすための広告ではいけない。あくまでも良品で、その良品をつくったことの「お知らせ」「情報提供」「性能説明」でなければならない。

だから、良品をつくっても宣伝広告しないということは、産業人の義務を果たさないということになる。

まして、これからの時代は超高速、超複雑な時代である。社会が単純に一つの価値観では説明できなくなる。一瞬のまばたきの間に世界が変化している時代である。当然、生産という次元においても、多様に、そして高速に製品が世に送り出されてくるだろう。

しかし、あまりにたくさんの商品が現れると、便利なものであるにもかかわらず、それが消費者の目に触れなくなる可能性は今まで以上に大きい。こんなに良い商品なのに、使ってもらえば必ずお客さまに喜んでもらえるのに、お客さまが知らないばかりに、ということは、お客さまにとっても不幸、生産者にとっても残念ということになりはしないか。

そういうことであれば、ますます「お知らせする宣伝」「情報を提供するための広告」は、重要な意味を持ってくる。経営者は自信のある商品を、従来の宣伝媒体を使い、あるいはこれからのマルチメディアを使い、いっそう「宣伝」し「広告」しなければならない。そういう責務があるということになろう。松下の宣伝広告に対する考え方は、これからの経営者にとってますます重要となる。

そして、宣伝広告をそれのみで独立して考えてはいけない。製造から一貫して考えなければならない。そのことも経営者は十分自覚せねばならない。なぜなら「良品しか宣伝広告すべきではない」からである。

「宣伝もできないような製品なら、製造をやめねばならない」というのもまた、松下の考え方であった。良品を広く世の中の人々に知らせ、使っていただいて、生活を豊かにしてもらう。そうでない商品は宣伝どころか製造しない。そういう考えに徹すべきだろう。

また、これからの消費者はＩＴやＡＩなどを使いこなし、はるかに多くの情報を持っている。宣伝も広告も、面白おかしくというだけではかえって消費者からバカにされ、嫌悪感を持たれるだけである。消費者の知的レベルが高まっていることを、経営者も宣伝担当者もしっかりと認識しておいたほうがよい。

# 成功も失敗も元を辿れば些細なこと

「君、電気ストーブのスイッチ、切れや」

松下幸之助の下で仕事をするようになって、最初の2ヵ月が経った昭和42（1967）年11月の中ごろ。それまでほとんど注意をされたことのなかった私は、内心驚きを禁じえなかった。松下グループの総帥である松下幸之助ともあろう人が、ストーブのスイッチを切るように、部下に指示を出す。小さ過ぎる注意。そのような細かなことを言うのは、似合わないと思ったからだ。

夕方、京都の別邸から帰るためにその部屋を出たところで、松下は見送りのために一緒についてて出ようとした私を振り返り見て、そう言った。「誰もおれへんのに、ストーブつけとく必要はない。それに危ないやろ、火事にでもなったら」。それから、松下の「小さなこと」へのこだわりが、私の強い関心事となった。

お客さまを招いたときには、約束の1時間ほど前に来て、すべて自分で確認し、担当者たちに細かな指示を与えるのが常であった。

私がそばで仕事をするようになって、初めて松下がお客さまを迎えたときも、やはり1時間ほど前に別邸にやってきた。いろいろな人に指示を与えてから、私に庭を回って歩くからついてこいと言う。歩きながら、ところどころで立ち止まっては、君が今日はお客さまを案内せよと言いながら、ここではこういう説明をせよ、この石は何の石と解説せよと、一つ一つ指示を出した。

その別邸の庭は、広さは全部で約2000坪。名庭師小川治兵衛《おがわじへい》の作になる名庭園である。昭和36（1961）年、ある人からこの邸宅を譲り受けた松下は、明治時代の庭園の基本である借景、自然様式、池泉回遊式を残したまま、かなり自分好みに整備し造り変えた。

その庭を一回りしてから、お客さまと会する10畳の座敷に上がった。そこにはすでに、お客さま10人分の座布団がきれいに並べてあった。なるほど、こういうように準備するのかと思った途端、松下が、「君、座布団の並べ方がゆがんどるな」と言う。えっ？ と思いながら、改めて見直してみたが、私が見るかぎり整然と並べられている。松下を見ると、座布団が一直線に並んでいるかどうか、座布団を見つめていた。

たかが座布団ではないかと思いつつ、言われるままに並べ直していると、「この座布団は裏返しになっている。それに前と後ろが反対や」。私は座布団の表裏とか、前後ろという知識は持ち合わせていなかった。

どちらが表でどちらが前なのか。松下は足もとの座布団を1枚取り上げて言った。「ここは縫い目がないやろ。これが前や。それから後ろ側の縫い目を見ると、一方が上にかぶさっている。こちらが表や」。

その当時は、喫煙が問題になることはなかったから、座布団の前に灰皿が置かれていた。それもまっすぐにせよと言う。このような「小さな注意」を、私はそれから数えきれないほど経験することになった。

やがて私も経営担当責任者になって、松下がなぜ小さいことを注意したのかがわかった。結局、経営における大きな成功も大きな失敗も、一見些細だと思われることが積み重ねられた叙事詩だということである。突然に大きな成功がやってくるわけでもなく、突然に大きな失敗がやってくるわけでもない。実は突然のようで、その前に小さな要因、原因がある。その小さな、些細な要因、原因が積み重なって大きな成功にもなるし、取り返しのつかない失敗にもなるということである。

だから、最初に小さなところでどう対処するか、対応するかが極めて重要だと言える。例えば、その職場が一見きれいでも隅にゴミが溜まっているとする。なんだ、それぐらいと思うかもしれないが、しばらくするとそこのゴミが増える。すると、そこで働いている社員たちも、小さなこと、隅のことを気にしなくなる。気にしなくなると製品の扱いも必然、雑になる。そして不良品がそのまま市場に出荷され、それがお客さまの悪評となって会社は次第に衰退し、ついには、倒産消滅するということになる。会社が倒産消滅する元の元を辿ってみれば、その職場の隅のゴミということになる。別に「春風吹けば、桶屋儲かる」的な話ではない。

「割れ窓理論」。アメリカの犯罪学者ジョージ・ケリングの説。要は、建物の窓がほんの少し割れて穴が開いているのをそのままにしておくと、誰もここは注意を払っていないなとなって、やがて大きな犯罪の誘因になるという理論。大きな犯罪も、元を辿れば放置された小さな窓ガラスの穴。

それと同じ。小さなことを大事にすることが、将来の大きな成功の要因になるし、最初の小さな放置が、後の大きな失敗の原因になるということである。要は、成功するためには、一見些細なことをいかに大事にしていくか、ということに尽きる。松下のように、小さなこと、些細なことを大事にし、積み重ねていくことが、大きな成功になるのではないか。

そのことを、経営者もビジネスマンも十分知っておくべきではないかということである。

# 感謝と拝む心

「松下電器が大きくなったのは、自分の力によるものではない。すべて社員の力だ。だから、社員に感謝しているし、心の中で手を合わせて拝んでいるのだ」

松下幸之助はたびたび、そう言っていた。「自分の力ではない」というのは、私からすれば、「言い過ぎだ」と思うが、松下から見れば、そういう思いであったのだろう。まして、蒲柳《ほりゅう》の体質で、養生しながらの経営であっただけに、松下はその思いを強く持っていたのかもしれない。

とは言え、会社の成長、発展の大きな力は、社員の働きによるところが大きい。いくら的確な「方針」を提示しても、社員が理解しようともせず、ソッポを向くようなことであれば、何の成果も得られない。「笛吹けど踊らず」という言葉があるが、まさに笛の名人が笛を吹いても、踊り手たちが聞く耳持たずであれば、踊り手たちは踊らないし、踊ったとしても、もう全体として滅茶苦茶バラバラで、舞台にもならず、観客も次々に席を立ってしまうだろう。

あるベンチャービジネスの若い創業者が、松下を訪ねてきたことがあった。そのとき、松下は次のように言っている。

「あなたは若い。これから自分の会社をどんどん発展させていくだろう。ぜひ、成功してほしい。しかし、今は率先垂範でよろしいが、従業員が1000人を超えたら、率先垂範はだめですよ。1000人を超えたら、社員にお願いする。そして、1万人を超えたら、社員を拝む心を持つことが大事です」

別の場所では松下自身、その人数を多少違えて話しているから、業種や会社の歴史によってそれぞれに考えればいいようだが、要は、小企業、中企業、大企業と発展するに従って、経営者の態度もまた変化しなければならない、ということであろう。

辻邦生《つじくにお》の著書に、『背教者ユリアヌス』という作品がある。不確かな記憶のままに書くが、ユリアヌスは、ローマ皇帝の8人兄弟の末っ子。到底、皇帝の座にすわることがない皇帝継承順位8番目。ならば、と哲学の勉強に没頭する。ところが、兄たち7人が皇帝の座を争い、結局は全員死んでしまう。

思いがけず皇帝の座がユリアヌスにめぐってくる。困ったが、皇帝にならざるを得ない。皇帝になったからには、軍隊の訓練時も、指揮棒を振らなければならない。高い指揮台に立って、指揮棒を振る。しかし、指揮棒の振り方は、にわか覚えだから間違える。兵士たちは、それを見て大笑い。だらだらと互いにぶつかりながら動く。ユリアヌスは兵士たちを止めて、指揮台から兵士たちに語りかける。

「お前たちがそのように動くのは、私の皇帝としての未熟さによる。そのことについて、お前たちに詫びる。そして、お前たちのローマの国を思う気持ちの大きさに、私は心から感謝する。だが、そのローマを思う私の気持ちは、お前たちに決して劣るものではない。いや、正直、数倍だと思っている。だから、どうかお前たちよ。私の指揮棒に頼るのではなく、私のローマを思う心を見て、動いてくれないか」と。

初め、ざわざわ、げらげらしていた兵士たちも、やがて静まりかえる。そして、再びユリアヌスが指揮棒を振ると、今度は一糸乱れることなく、整然と兵士たちは動く、という一節が同書にある。

なぜ、兵士たちが整然と動くようになったのか。それは、ユリアヌスが、兵士たちに「感謝」して、同時に「拝む心」を持って語りかけているからである。これが史実か、辻邦生の創作かはともかく、指導者と部下の心情をよく描いていると思う。

「感謝」とか「拝む心」とか、そのようなことが必要なのか、と思われるかもしれない。しかし、社員に対して「感謝」し、そして「拝む心」は、「方針」を力強く推し進めるための絶対必要条件である。ユリアヌスを再び考えてみよう。「指揮棒」は「方針」。それを見る兵士たちに、「感謝」と「拝む心」を示している。

戦国時代の加藤清正《かとうきよまさ》。その家来に、飯田角兵衛《いいだかくべえ》なる家来がいた。『門人雑記』に、角兵衛の一項がある。

「自分は今まで何十回となく戦場に出たが、いつも戦の場は怖くて、恐ろしい。無我夢中で刀を振り回す。戦場が静まり返って、ふと気がつくと、周りに死体がゴロゴロ転がっている。涙が流れる。もう二度と戦には行くまい。本陣に戻ったら清正公に暇乞いしようと、都度思った。しかし、本陣に歩いていくと、清正公は自分をいち早く見つけ、大音声で、角兵衛！ でかした！ と言う。そのような繰り返しで、清正公、ご存命中は、お仕え候」とある。

清正は治水等土木技術に優れていたが、多くの農民が喜んで協力したというのも、この角兵衛の話を読めばわかる。

要は、経営者は「感謝」と「拝む心」がなければならないということである。日本の経済は今、厳しい状況におかれている。経営者は社員への「感謝」と「拝む心」を一層、心掛けなければならないのではないかということである。

# 松下幸之助に仕えた日々　2

日々の業務報告でも、松下氏はよく笑顔で聞いてくれた。

PHP研究所発祥の地、京都の東山山麓にある別邸の庭園で、
松を観ながら経営談義。

# 第3章

# 人づくり・組織づくりの心得

## 松下幸之助がつくりあげたこと

# 物づくりより人づくり

創業してしばらくのころである。松下は社員に、お得意先に行ったらこう言いなさいと教えた。「『松下電器は何をつくるところか』と尋ねられたら、『松下電器は人をつくるところでございます。あわせて電気器具もつくっております』」。

事業を始めた当初から「事業は人にあり」、つまり人を育てなければ事業は成功するものではないという考えを、松下は明確に持っていた。そういう空気は社員に浸透するものである。資金も信用も足りない小さな企業が、どこよりも力強く発展したのは、社員に「われわれは人間として成長しなくてはならない」という松下の強い心意気が浸透していたからだと思う。だからその当時、中学を卒業した入社1年足らずの社員が、立派な会社のベテランセールスマンと競って、勝ちを得ることがしばしばあったという。それはやはり、仕事の実力のみならず、社員の人間としての姿勢、若いながらひたすらな姿勢、誠意をお得意先が評価してくれたのではないか。

ひとつエピソードを紹介しよう。昭和4年（1929年）10月のウォール街の株価大暴落をきっかけとして、大恐慌が起きた。日本経済が金融恐慌から立ち直りかけていたところへ、この世界恐慌である。日本中のあらゆる会社と同様、松下電器は窮地に立たされる。商品が売れずに在庫は増える一方となり、幹部は300人の従業員を半分に減らして、この難局を乗り切りたいと松下に申し出る。このとき松下は、「断じてそれは許さない。一人の首も切ってはならん。一銭も給料を下げてはならん」と命じ、次のような方針を出す。「午前中を生産にあて、午後は社員全員で販売に努めること」「せっかく、わが社の将来を託そうと入社してもらった人材を、不況だから解雇するというのは、許されることではない」

当時の従業員は、一人ひとりが文字通り一家の大黒柱である。首切りはたちまち家族の生活を直撃する。終身雇用のない時代で、首切りは当たり前のこととして日常的に行われていた。だから松下が「一人の首も切らない」と言ったとき、全社員は涙を流して感激し、感謝したという。社員は大いに意を強くし、想像を超える奮闘をした。即日、その命令が実行され、在庫は1ヵ月でまたたく間にきれいに無くなった。

「将来を託そうと、せっかく入社してもらった人材を、解雇することは許されない」。この言葉からも、松下の物づくりより人づくりの、並々ならぬ情熱がうかがわれる。そして、このとき松下は「人を解雇せずに倒産したら、それはそれでよい。もって瞑《めい》すべし」とまで言っている。社員全員で販売にあたるというアイデアも才にあふれているが、その底に流れるものは、やはり「人間」というものに対する独自の見方であったろう。「松下電器は人をつくる会社だが、あわせて電気器具もつくっている」。電気器具が先ではない。人が先。なぜ、企業は物をつくる前に人をつくらなければならないのか。それは言うまでもなく、いい人材からいい品物がつくられるからである。悪しき人材であれば、同じ品物をつくっても、どこか手を抜く。手を抜かないまでも気が行き届かない。どこか雑になる。いい品質、いい性能の品物はつくられない。しかし、いい人材、豊かな温かい心を持った人材がつくればどうか。やはりそこには、その心が込められる。何か微妙な素晴らしさ、優れた製品がおのずとつくられてくる。

いい物をつくることが産業人の王道、使命ならば、そのためにはまず、いい人材、優れた人材を、何よりもまず先につくらねばならぬ。そのように松下は考えたのである。

「企業の財産は人材だ」と言った舌の根の乾かぬうちに肩叩きをする企業があるが、それでは社員の信頼はもちろんのこと、世間の信用も得られまい。無責任な事業展開、無責任な採用、安易な人材観。何より肩叩きされなければならないのは、そういう経営者のほうだ。いかに人材が大切か、いかに人づくりが大切かを無視、軽視した報い。その報いをまず経営者が受けるべきだろう。

どのように時代が変わろうとも、基本は人間を大事に扱う精神である。大切に育てた人材が企業の「基本財産」だ。会社の長い歴史の中では、良いときもあれば悪いときもある。不況は当然やってくる。倒産の危機もあるだろう。しかし、危機こそ人づくりの機会になる。危機的状況を乗り切ることによって、経営者にも社員にも筋金が入る。それが貴重な会社の資産になり、見えざる伝統となる。共に苦労を分かち合ってこそ、人間の重要性が身に染みて得心できることになる。このような筋金入りの社員が多ければ多いだけ、会社は強い体質になるし、馬鹿なことはしなくなるものだ。

これからはインターネットの発達で、在宅勤務が増えたり、多様な人的ネットワークの組み合わせで仕事をするヴァーチャル・カンパニーがたくさんつくられると言われている。だが、このような時代においてもなお大切なのは、一人ひとりの人間であることは間違いない。むしろこれからは、かつてのように社会に強い規範が存在しない時代となる分、個人として求められるものが多くなり、人間の重要性はますます増してくる。物をつくる前に人をつくることの大切さを、今以上に企業は痛感する時代になるだろう。

リアルであれ、ヴァーチャルであれ、人づくりの基本を怠った会社は、これからの時代を生き残れるか。答えは、大いに危ういということだろう。

## 汗の中から本当の知恵が生まれる

松下幸之助は特別に経営の勉強をしたわけでもなく、それどころか小学校中退であった。とにかく商売を実践し、行動するところから始まった。それが結果的には、一人の偉大な思想家・理論家を生んだ。

理論とは、結局実践の中から生まれてくるものである。松下を見ているとそれがよくわかる。とりわけ経営というものは、頭の中で一つの論を立ててみても、それだけではとうてい成功させることはできない。実際に経営というものと格闘しながら、試行錯誤を重ね、実践を重ねて成功の道、経営発展の道を見つけ出すしかない。実践の伴わない論は、文字通り机上の空論にすぎない。

私はしばしば、経営を成功させるためには、二つの要因があると述べている。一つは「目に見える要因」(Visible Factors)、もう一つは「目に見えない要因」(Invisible Factors)である。

目に見える要因というのは、言ってみればマニュアル化できるものである。技術や工場、組織や体制。それらはある程度マニュアル化して、その通りにやっていけばいい。

要するに、第三者が再現することができるものである。この目に見える要因とは、どちらかといえば「理論」あるいは「理屈」の世界だと言うことができる。

一方、目に見えない要因というのは、例えば哲学、理念である。身近なものでは、ものの言いようや考え方、雰囲気といったものもある。これは第三者がまねしようとしても、簡単にまねすることができないし、コピーしようとしてもできない性質のものである。

この二つの要因のどちらが大事かというと、もちろん両方とも大事ではあるが、ウエートから言えば六対四で、いや、ひょっとすると七対三と言ってもいいかも知れないが「目に見えない要因」が経営においては非常に重要である。

しかもこれは簡単にまねできない類のものであるから、一人ひとりが自修自得で身につける以外にない。経営には、六対四の割合でそういう目に見えない要因、すなわち実践するところから学びとる以外に、どうしようもない部分があるのだということを知っていなければならない。

ある会社の社長が、経団連の会長などを歴任した土光敏夫《どこうとしお》という人が言った言葉、「まず知恵を出せ、知恵なき者は汗を出せ、それができない者は去れ」をモットーにしていた。

それを聞いた私は「なかなかいい言葉ですね」と松下に言ったことがある。平日の住居がわりに使用していた松下病院の四階の部屋で、夏の暑いころであった。しかし松下はベッドの上に座ったまま、私の話を聞くと首をちょっとかしげて「うーん、わしはその社長はあかんと思うな、そういう言葉を社長がモットーにして、そして社員にその言葉通りにやれと言うておるなら、その会社はつぶれるぞ」と答えた。そして、続けて次のように言った。「わしやったら、『まず汗を出せ、汗の中から知恵を出せ、それができない者は去れ』と、こう言うな」と言ったことを、印象深く覚えている。なぜならその会社が、松下の言葉そのままに間もなく本当に倒産してしまったからだ。

経営のコツは、やはり実践する中から、そして汗の中から生み出されてくるものである。理屈の中から生み出されてはこない。それが証拠に、ある有名な経営学者に会社を任せたら倒産させてしまったという有名な例がある。

「塩の辛さ、砂糖の甘さというものは、何十回、何百回教えられても、本当にはわからんやろ。なめてみて、初めてわかるものや。なめてみれば、すぐわかる」と松下はよく言っていた。

論は言うより実践する、汗を流す、汗の中から知恵を出す。その知恵を自問自答して反省し、その中から真の知恵を生み出していく。さらなる知恵へと高めていく。その知恵をまとめればおのずと論になる。これが松下幸之助の実践経営学の其本であった。

そのような流れを実践してこそ、初めて自分自身の成長と、会社の発展がある。

だから経営をしていく中で、時には不満や泣き言を言いたいことが出てくるだろう。しかし、とにかく汗を流してやってみて、実際にどう思うか、どう感ずるかがとても大事ではないだろうか。

そこに一つの、理論では理解できないような感覚や驚きが生まれてくる。特に部下育成など、相手が人間である場合、理論はほとんど役に立たない。みずから実践した中で体得した知恵や感覚のみが頼りになる。それなくして経営に成功することは不可能であると言っていい。

まず実践。いかなる時代においても、いかなる仕事においても出発点はそれである。

英国の劇作家バーナード・ショーの言葉を添えておく。

「能力のある者は実践し、能力なき者は人にお説教ばかりする（He who can does, He who cannot, teaches)」

# 感謝、挨拶できなければ猿

当たり前のことと言えば当たり前だが、物をもらえば「ありがとう」と言う。会えば挨拶をするし、別れるときも別れの挨拶をする。

しかも、これは日本だけではない。世界のすべての国民、民族が、言葉は違うが皆同じようにお礼を言い、挨拶をする。もちろん、人類が各地に誕生してまもなく「世界会議」が開かれて、さあ、これからは物をもらったとき、助けてもらったときは感謝の言葉を言うことにしよう、出会いのとき、別れのときには挨拶をしようと取り決めがあったわけではない。

しかし、そういう申し合わせがないにもかかわらず、こういう行為は地球上すべての場所で行われている。言葉を換えて言えば、それが人間としての自然の姿、人間的行為。すなわち、「礼」こそが「人の道」ということだろう。

ところが、このごろは、その人間的行為である「礼」が、なにやら実際には行われなくなってきた。挨拶もしなければ、感謝もしない。やってもらっても当たり前。助けてもらっても当たり前。「おはようございます」とも、「ありがとうございます」も言わない。「礼」というのは、好みの問題ではない。やりたいやりたくないの問題ではない。自分が人間であるか、猿であるかを表明する、重要な行為なのである。だから、会社の中でもし、挨拶ができないとか、感謝の意を表すことができないというのであれば、その社員は猿に等しいと言わなければならないだろう。

いや、経営者でも社員に対して、「礼」の心を持っているのだろうか。今日、自分がその立場に立つことができたのは、紛れもなく社員のおかげ。だとすれば、社員に対しての「礼」を尽くしているのだろうか。「礼」の心なく、人の道も踏めないようで、どうして社員の上に立つことができるだろうか。要は社長も従業員も「人間」であるかぎり、お互いに人間的行為、すなわち「礼」を尽くさなければならないということである。

それ以上に、お客さまに対しては、人間としての最高の「礼」を示さなければならない。なぜならば、お客さまの存在によって経営は成り立ち、従業員は生活できるからである。言い換えれば、お客さまあっての自分たちである。とするならば、経営者も従業員も、お客さまに対して「最高、最善の礼」を尽くさなければならないのは当然ではないか。

ところが、会社を訪ねてくるお客さまに対し、木で鼻をくくったものの言いようの社員がいる。当然、挨拶もしない。約束も守らない。こういう社員を経営者は見逃してはならない。見逃せばきっと訪問者は、その会社の商品を二度と買おうとはしないだろう。

いや、社員だけではない。これまた経営者でも同じこと。いかにも尊大にものを言う経営者がいる。傲慢な態度、横柄なものの言いよう。丁寧さもなければ、品格もない。「礼」のかけらも感じられない。あるいは初対面の若者や女性に対して、まるで部下のようななれなれしい言葉を使う。信じられないことに、中には挨拶、お礼すら言わない、いや、言えない経営者がいる。それをそばで見ていると、この会社は危うい、駄目になる、きっと社内は殺伐としているだろうと感ずる。

生産者は、いい物を安くつくるのが「礼」というものだろう。買っていただければ、心から「ありがとうございました」と言うのも「礼」。売りっぱなしにせず、その後サービスするのも「礼」。仕入れれば金を払い、物を売れば代金を頂戴する。これまた商いの「礼」というものである。しかし、それが実際にはしばしば行われていない。

なぜ松下幸之助が経営において成功したのか。この「礼」を自ら徹底し、社員にも「礼」を強く求めた。それが重要な成功理由の一つである。「松下電器の尊奉すべき精神」の一つに「礼節謙譲の精神」があるのも、松下がいかに「礼」を重んじたかの証左であろう。この「礼」の徹底こそ、松下が企業を大きく発展させ得た秘訣であったというエピソードには事欠かない。

昭和30年ごろ、ある銀行の支店長が松下に、たっての願いで訪ねてきたことがあった。話が終わって挨拶し、部屋を辞そうとすると、松下はその支店長を見送るべく一緒に部屋を出た。驚いた支店長は、恐縮して松下をとどめたが、松下はかまわず並んで歩き玄関まで行った。

そこで再び挨拶をして車に乗りこんだ支店長は感激し、自分がお願い事で来たのに、あの松下さんが……と思いつつ、車が会社の門のところにさしかかったとき、ふと後ろを振り返ると、なお玄関で立ち続けて自分を見送っている松下を見つけた。「私は感激のあまり、体が震えました」と、その支店長が話してくれたことがある。

その後、その支店長はいたるところで、自分の銀行の話をするより松下の話をした。そして常に、松下電器の製品を購入するよう多くの人たちに熱心に勧めたという。松下にしてみれば、ごくごく当たり前の「礼」をしたのであるが、相手は強い衝撃的感動を受けたわけである。

人間的行為が「礼」であるとすれば、「礼」は人の道であるとともに、商い、経営もまた「礼」の道に即していなければならないのである。

## 同じ人を集めるな、個性を押しつぶすな

これから21世紀はどんな時代になるのだろうか。箇条書き的に言えば高度情報化、高度技術化、国際化、グローバル化、少子高齢化、女性活躍、そして価値観多様化の時代と言えるだろう。

そのうちの一つ、価値観の多様化が実現し、これからますますそうなっていくのはなぜかといえば、豊かになったからである。経済的に物質的に豊かになった。豊かになれば、必ず価値観は多様化する。どんな考え方を持ち、どんな行動をしても「生きていける」からだ。

貧しければそうはいかない。親から、先生から、上司から押しつけられた価値観に柔順に従わなければ、文字通り「食事」にありつけない。食べていくことができないから、理不尽であろうと、とにかく押しつけられた価値観に従わざるを得なかった。しかし、前述の通り今は違う。豊かになった。すると、多くの人々が自分で考え、自分で行動するよう

になる。その善し悪しは別にして、おのずと人々の求めるモノもサービスも多様化し、個性化する。

そんな個性化の時代になっているのに、なお「オレについてこい」では人々はついてこないし、そのような感覚から生み出された無個性の品物を、多くの人たちが買うはずもない。だから多様化の時代に求められる人材は、個性的でなければいけない。そこから時代にかなった個性あふれる商品が考え出され、生み出されてくる。しかし、そのような個性的な人材をどう扱えばよいのか、過去の経験を捨て切れない経営者が悲鳴を上げている。

実は松下幸之助は、この価値観多様化でない時代、ずっと以前の時代から好んで個性的な人材を集めた。例えば他の会社が「個性が強すぎてとても使えない」という人材を、喜んでもらい受けた。その人はのちに技術担当の副社長にまでなった。強い個性、弱い個性、青い個性、赤い個性、さまざまな個性の人材を集めて、松下電器という絵を描いた。

もともとわずか三人で始めた会社に集まってきた人たちである。今でも語り草になっているけれども、集まってきた人たちに、いわゆる「サムライ」が多かった。そのサムライたちを松下幸之助は時、場所、場面によってさまざまに活用し、配置した。

そこから個性ある製品、個性ある生産手法、個性ある営業方法、個性ある経理システムが生み出された。松下幸之助の会社の強さは、この百花繚乱、さまざまな色が組み合わされたところにあった。青一色、赤一色、松下幸之助一色の会社では決してなかった。

このように個性的人材を集め、その力を十分に引き出し、発揮させることができたのは、松下幸之助の人間観によるところが大きい。人間は誰も同じ人はいない。同じ人間であっても、A子さんはA子さんしかない特質を持った人である。元来、人間の自然の姿は個性的存在なのだ。であるとすれば、その個性こそ大事にしなければならない。松下はそう考えた。

そして一人ひとりを、自分よりもいい面を持っている、素晴らしい力を持っている偉大な存在なのだと考えて接していた。

昔、ある武将のもとに震え声の暗い家来がいた。その家来を周囲が嫌がって武将に訴えた。あの家来をなんとかしてほしい。すると、武将はその者たちを諭して、あの家来にはあの家来にしかない、いいところがある、お前たちはあの者の使い方を知らないからそう言う。しかし、わしに用あって出席できない葬儀のあるとき、あの者にわしに代わって弔辞を読ませれば、お前たちも及ばないだろう。

このような話を、松下はよく私に聞かせながら、同じ人を集めるな、個性ある人たちを集めろと、たびたび言ったものである。一色ではどうにも絵にはならない。多色、そう、色が多ければ多いほど表現豊かな絵が描けるということだろう。

ましてや、これからの時代は価値観多様化の時代、多面的、多角的、多層的時代である。個性的な人々の求めに応じる経営を展開するためには、そして個性的商品を開発するためには、同じような人を集めてはいけない。

一番いけないのは、経営者が好むような人材だけを採用したり登用したりすることである。そういうことをすれば、その経営者の色一色の会社になってしまう。それでは戦いに勝つことはできないだろう。

個性豊かな多様な社員の存在があればこそ、多様化された社会のニーズをそれぞれに汲み取り、商品化に成功することができる。だから、なにか変わっている、なにか面白い、自分とは違うなにかを持っている。そう、あえて、自分と違う人材を採用し登用する。そういう決定が下せる経営者でなければならないだろう。

価値観多様化の時代、豊かな時代における経営を考えるとき、同じ人を集めない、社員一人ひとりの個性を伸ばす、そう心がけ実践するところに強固な組織、個性的魅力的集団ができあがってくるのである。

# 経営理念を血肉にして社員に語るべし

いくら立派な経営理念があっても、経営者が、「あること」だけで、さも熟知しているかのように満足しているのでは、とうてい全社員に浸透するわけがない。経営者は、「知識としての経営理念」では許されない。しっかりと己の血肉にまで消化していなければ、社員にその経営理念を浸透させることは不可能である。

まず、経営者自身は、経営理念を自分の信念として、いかなる場合でも、たとえそれによって経営が厳しくなろうとも、「もって瞑すべし」という覚悟、いかなる場合も経営理念と「心中」できるという決意ができるほどの、経営理念に対する透徹した理解体得がなければならない。

そのうえで、社員に訴えていく。わが社の経営理念はかくのごとし。いついかなる場合も、この経営理念に基づいて、それぞれの言動をするように訴えることが肝要だろう。

ところで、経営者が経営理念を血肉にしても、社員が理解体得していなければ、経営を着実に進め、発展させていくことはできない。

経営者と社員は車の両輪。一輪が正常でも、他輪が壊れていては、車は正しく動くことは不可能である。社員もまた、経営理念を自分の仕事を進めていくにあたっての「物差し」にする。また、行動指針とする。決して経営理念に反するようなことは行わない。そうなってこそ初めて、会社全体で経営理念を共有し、力強い経営、発展する経営を進めることができるのである。

ところで、経営理念をどのようにすれば社員に浸透させることができるのであろうか。経営理念というものは、経営者の心から出たものでなければ、説得力を持つはずがない。だから、前述のように、自分の血肉にして社員に語り掛けていく。社員にどうしても話さなければならないという燃えたぎるばかりの情熱をもって訴えていく。社員が「またか」と思うほどに、あるいは思ってもなお繰り返し話し掛け、語り掛けていくのだ。そのような「執拗なまでの繰り返し」によって、ようやく会社全体、社員全員に経営理念が浸透、徹底されるということになる。

およそ、経営者がその思いや考えを伝えよう、伝えたいと思い話しても、最初に聞きとめた者が100%理解するということはない。だいたいにおいて、経営者が話した内容の2分の1しか伝わっていないと知っておくべきであろう。

同じように、最初に聞きとめた者が次にまた伝えるとすれば、さらにその2分の1しか伝わらない。これを繰り返すと、末端の社員には、経営者の烈々たる思いもほとんど伝わることはないということになる。これは決して避けられない。

10人の人を並べて、最初の人に1枚の絵を見せ記憶してもらう。そして、その人が次の人に伝えていく。次の人がまたその次の人へというように伝えていく。そうすると10人目の人に来たときには、ずいぶん単純な絵に変わっている。そういうゲームをした経験を覚えておられる人もいるのではないか。会社の中での話の伝わり方も、そのようなものである。経営者が社員一人ひとりに1000のものを伝えようと思えば、自分がまず「1000の思い」を持たなければならない。

経営理念を全社員に徹底させようとするならば、「1000の思い」をもって語るべきということである。

もう一つ大切なことは、「繰り返し訴えていく」ということ。経営者はともすると、「一度言ったからわかってくれている」と考えがちである。しかし、自分の思いや考えを1回で伝えることができると思うのは、極めて人間として傲慢なことだと思う。よほど自分に伝達能力があると思っているのだろうか。

伝えたいことは、やはり繰り返し繰り返し、社員に話さなければならない。社員に自分の思いや考えを伝え、浸透させるのは、「夏の芝生の雑草取り」のようなものかもしれない。芝生の雑草は一度取ればそれでいいというものではない。またすぐ雑草が生えてくる。それを取るとまた生えてくる。だから3日に1回、1週間に1回、雑草を取っていくということを繰り返さなければならない。自分の思いや考えを伝えるのも同じこと。根気のいる仕事だが、その根気がなければ、経営者の思いや考えは社員に浸透することはない。

松下幸之助は昭和8（1933）年から朝会というか朝礼を始めたが、その最初の数年間、ほとんど毎日のように自ら壇上に立ち、話をした。その記録を見ていると、話の内容はさまざまであっても、それぞれの話の根底は、自分の悟った経営観。これほどまでに繰り返されれば、社員も、会社の方針をよく認識し、理解体得することができたのだろう。その経営理念を常に念頭に置いて仕事をしたから、「松下電器」で不祥事が起こることは、めったになかったのである。

経営理念を経営者が「血肉」にする。そして、社員に「1000の思い」で語り掛ける。さらに「繰り返す」。経営理念が「会社の大黒柱」ということを、経営者は忘れてはいけない。

## 具体案を示しつつ指示を出す

社長は必ず自分のアイデアや提案を示しながら、社員に指示を出さなければならない。社長は社員にさまざまな仕事を担当させているが、やはりトップとして、各社員のやり方や考え方にイライラしたり、内心「何をしているのか！」と不満を感じていることも少なくないと思う。そのようなとき、たいていの社長は、その社員を呼んで厳しく注意するか、叱り飛ばす。「何をやっているのか！」「この内容でいいと思うのか！」「これは何だ！」などと怒鳴ったりする。

しかし、そのように社員を叱責ばかりしたところで、経営の成果が上がるか、その社員が成長するかというと、必ずしもそうではない。

およそ、怒鳴られ、叱られて文句だけを言われて、「じゃあ頑張ろう」と思う社員はまずいないだろう。社員は、社長室から出て自分の職場に戻り、席に座る途端、多分、大きなため息をつき、心の中で、「くそっ！　何を偉そうに……、現場がわかっているのか、仕事がわかっているのか。あんなに怒鳴るくらいなら、自分でアイデアの一つでも言ってみろよ」と呟きながら、不満と憤りがフツフツと湧き上がって、すっかりやる気を失ってしまうだろう。

社員に指示を出すときに、大事なことが一つある。それは、一つでいいから社員に対して社長独自の具体的なアイデアを提示、もしくは暗示することである。「ここは、こうやってみるのも一つのやり方ではないか」「こういうアイデアもある」「こういうやり方を考えてみてもいいではないか」というようにだ。

そのようなことは、あくまで社員が自分で考えるべきだ、という社長もいるだろう。確かにその通りである。しかし、「走れ！」と言われても、どういう走り方をしていいのか、どちらの方向に走っていいものやらわからない。それを考えるのが優秀な社員というものだということもわかるが、無駄なく効果的に社員を成長させようと考えるならば、「指示」と同時に、「示唆」をしなければならないだろう。

松下幸之助は私にもちろん、いろいろな指示、命令を出した。しかし、たいていの場合、例えばということで、示唆を私に与えてくれた。

「君、政治や経済や社会について、世の中に提言していく活動を考えてくれんか」と指示を受けたことがあった。と言われても、具体的にどのような活動をすればいいのか。会社は研究本部を持ち、研究員数名を自前で持っていたので、彼ら一人ひとりに提言をまとめさせようかと瞬時、思い浮かべた。あるいは、外部の有識者の先生方を集めて、提言を出してもらおうかなど、さまざまな案が私の頭の中を駆け巡っていた。

自前の数名の研究員では、いろいろな分野を網羅することはできない。どうしたらいいか。そこで、外部の先生方を集めてプロジェクトをつくろう。例えばこの先生とか、ということで、頭の中の結論を松下に話した。そのプロジェクトはすぐ「そうしよう」と同意してくれたが、「こういう先生とか」という先生には首を傾げた。そしてすぐに「堺屋太一先生なんかがいいな」と示唆をくれた。

それですぐにプロジェクトの先生方のレベルがわかった。と同時に、堺屋先生に相談せよということだと理解した私は翌日、京都グランドホテル（現リーガロイヤルホテル京都）の一室で堺屋先生に会い、相談し、加藤寛《かとうひろし》、山本七平、高坂正堯《こうさかまさたか》、飯田経夫《いいだつねお》、牛尾治朗《うしおじろう》、天谷直弘《あまやなおひろ》各先生ら10名を決めると同時に、プロジェクトの名称も『世界を考える京都座会』と決めた。

松下は期待通りだったのであろう。大いに納得し、その後は世間から「京都座会学派」「京都座会グループ」と称されるほどの大きな活動を展開するようになった。堺屋先生の示唆がなければ、私のプロジェクトメンバーの決定も、また、名称も難渋しただろうと思う。

また、それ以前に「雑誌を出せ」と指示が出たことがあった。どの方向の雑誌をつくるのか、こういう雑誌ですか、これはどうですかと言っても、「まあ、考えてくれ」と言うだけ。私が大いに困惑していると、「まあ、提言する雑誌やな」と示唆をくれた。それが、総合提言誌『Ｖｏｉｃｅ』として実現することになった。

「ここはこうやってみるのも一つのやり方ではないか」「こういう企画を考えてみてはどうか」「例えばこういう販売方法もあるだろう」などと、社長が自分の考えた具体的な提案を交えて指示を出すことが肝要である。そうでなければ、社員はうろたえるだけということになる。

井戸のポンプで水が出ないとき、最初にバケツの水をポンプに少し注ぐと、水がくみ上げられる。そのバケツの水を「誘い水」という。いわばその「誘い水」が社長からの示唆、提案ということになる。仮に社長が独自の提案やアイデアが出せないようなら、厳しい言い方だが、社長には適していないと思う。

# 社員に言葉をよく掛けるべし

経営が厳しいときに、社長が心掛けなければならないことは、できるだけ社内を回り、社員一人ひとりに声を掛けること。「なんだ、そんなことか」と思われるかもしれないが、実は、このような社長の行動が、厳しい経営状況を克服するための秘訣の一つだといってもいい。

厳しい状況にあるときには、社員も承知しているから、どうしても日々、気持ちが沈み、元気なく仕事に取り組んでいる。そのようなとき、社長が自分たちの職場にやってきて、一人ひとりに声を掛けてくれるとなれば、社員の沈んだ気持ちも瞬時に明るくなる。

そして、社長が笑顔で社員に直接「仕事はどう？　忙しいだろう」「頑張ってるね。体に気をつけてね」「今、何の書類を作成しているの？」「やあ、一生懸命やってくれてるね」などと語り掛ける。時には「家族の人たちは皆さん元気？　それは良かった」というように、他愛ない言葉、仕事と関係のない言葉でもいい。大事なのは「声を掛ける」ことなのである。

社員からすれば、社長は「山の頂上の人」。別格の存在。その社長から声を掛けられるとなれば、社員は緊張しつつも喜びを感じるのは当然。社員の沈んでいた気持ちや不安な気持ちは、社長からの明るい声掛けによって、たちまちのうちに消えうせる。

厳しいときに、社長の笑顔。当然、「社長もつらい思いをしているだろう」と社員も承知している。にもかかわらず、社長が笑顔で話し掛けてくる。その心配りに感動しない社員はいないだろう。

それだけではない。笑顔で声を掛けることで、「社長はこの厳しい経営状況を乗り越える精神的な余裕がある」、あるいは「社長は乗り越えられるという自信があるのだ」と社員は感じる。社員としては、「よし、自分もこの沈んだ不安な気持ちを払拭して、社長のように笑顔で積極的に知恵を出し、仕事をしてやろう」となる。部下を奮い立たせるそのようなコツを、わが師・松下幸之助から教わった。

松下幸之助は、時間があればよく職場を回った。私をサポートするという配慮もあっただろうが、ただ単に私からの経営報告などだけでなく、自らの目で会社の雰囲気、様子を確認したかったのだろう。

私の報告が終わると、「君、それぞれの職場を回ってみようか」と言って、各職場を回ってくれた。そして社員の一人、二人、三人というように、親しげに声を掛けてくれた。「あんた、何の仕事をしとるんや」「頑張ってや」「ムリしてないか。そうか、体気ぃつけや」という調子で話し掛けていき、部屋を出るときは、職場の全員に「大変やろうけど、皆頑張ってや」と激励して次の職場に行き、同じように社員に声を掛けて回ってくれた。松下から直接声を掛けられた社員は、感激のあまり興奮し、また、職場の社員全員も大いに発奮して、「頑張ります！」となる。

松下幸之助は、会議や外部研修などをやっている部屋を見つけると、「ここは何をやっとるんや」と呟きながら突然入っていき、中の人たちに「ちょっと話をしようか」と声を掛け、20分ほど話すこともあった。当時、わが社の研修会に参加していた外部の方で、そのようなことを覚えておられる方もおいでになると思う。

このように、松下幸之助がぐるりと一回りした後の、社員のやる気や外部の方の気持ち、雰囲気は、それまでとはがらりと変わり、天と地ほどの違いが出てくる。

その「声を掛ける」という行動を、私も模倣した。私の場合は、わずかな時間でもあれば各職場を回り、松下幸之助の言葉を思い出しながら、社員に話し掛けて回った。社員の隣の椅子が空いていれば、座り込んで5分ほど、相手の仕事の邪魔にならない程度の雑談をしたりした。他愛ない話題であっても、思いがけず、その社員の悩みが聞ける場合もあった。また、お互いにゲラゲラと笑いながら会話に興じることもあった。

私ごとでも、この「声を掛ける」ことで、会社全体の雰囲気を変えることができた。よく、社員から「話し掛けられてうれしかった」「社長の話が面白かった」「元気が出た」「社長の考えがよくわかった」「やる気が出てきた」などと言っているということを間接的に聞かされた。それは当然、数字となって表れてくる。

世の中には、「俺は偉いんだ、社長なんだ」と思っているのか、話をするのは経営幹部とばかりという社長がいる。あるいは「一般社員と話をするのはメンツに関わる」「コケンに関わる」とでも考えているのか、社員に気軽に声を掛けない社長がいる。そういうことをしていれば、社員は萎縮するばかり。心を閉ざすばかり。

社長は経営が厳しいときほど、笑顔で社員に声を掛けること。これが、経営のなかでも、社員に「厳しさを乗り越えるやる気」を起こさせる妙薬の一つだということを、社長は覚えておいていいと思う。

# 社員の提案、意見に耳を傾ける

ここに二人の経営者がいるとしよう。二人とも能力的には同じくらいであり、同じように熱心に仕事に取り組んでいる。ところが、一人の経営者の下では、社員が日々成長しつつ、生き生きと仕事をしているのに対し、もう一人の経営者の下では、社員がそれほど育たず、職場全体にも活気がない。そんな光景を見かけることがよくある。

こうした違いは、一体どこから出てくるのだろうか。その大きな要因だと思われるのは、それぞれの経営者が社員の言葉に、どれだけ耳を傾けているか、尋ねているか、ということだろう。

社員によく尋ねる、社員の言葉によく耳を傾ける経営者の下では、社員は自主的にものを考えるようになる。尋ねられれば、その場で適切な意見を言えなくとも、次は自分なりの意見を言おう、ならば、考えをまとめておこうと考えるからだ。

また、自分の意見を聞いてもらえるのは、社員にとって大きな喜びである。経営者が、一社員である自分に、「君はどう思うか」と聞いてくれれば、「おっ、この人はオレを頼りにしてくれているのかな」と思う。そこに自信も湧いてくる。やる気も出てくる。それがまた、次々と新しいことを考え、提案することにもつながっていく。社員は視野を広げ、考え方を深めて、次第に成長していく。この会社は、やりがいがあると思い始める。

しかし、自分の言うことを聞いてくれない経営者の下では、社員は何をやっても面白くない。そういう日が続けば、やがては「何を言っても仕方がない」と意見を出さなくなる。だから、自分で考えたり工夫したりせず、ただ言われたままに仕事をするようになる。それでは社員は育たないし、活気ある職場は生まれない。さらにこの会社はイヤな会社だと思い始める。

このように、社員の話に耳を傾けるというのは、一見些細なことだが、その結果生じる差は驚くほど大きいのである。

もちろん、経営者と社員では、経営者のほうが経験も豊かで、仕事についてもよく知っているものである。その意味では、社員の意見なり提案は、経営者の目から見れば、物足りないという場合も少なくない。しかし、たとえそのような場合でも、経営者にとって大切なのは、「耳を傾ける」という基本的な姿勢をしっかりと持っていることである。

「耳を傾ける」経営者であれば、社員の意見や提案が必ずしも当を得たものではない場合でも、即座に、「それはダメだよ」と出鼻をくじくようなことをせず、誠意を持って聞いたうえで、「いや、君、熱心で結構だ。君の意見はよくわかった。ただこういうところに問題があって、このままでは取り上げられない。しかし、君の意見は非常に参考になった。これからもどんどん意見を言ってほしい」と伝える。

提案や意見の内容の善しあしの前に、まず提案を持ってきてくれた、その社員の熱意と努力を褒めることだ。

そうすれば、社員は自分の意見が取り上げられなくても、それなりに満足するだろう。そして、どういうところに問題があったかを自分なりに反省し、それを基にして、次にはもっといい提案ができるように勉強するだろう。

もっとも、その場合でも、社員の提案、意見はなるべく取り上げるという態度を持っていたほうがよい。

いつもよく聞いてはくれるが、一向に採用してくれないということでは、これまた、その社員にとっては面白くない。だから、「これは間違いない、大丈夫だ」という提案だけを取り上げるのではなく、多少問題があるような場合でも、社の命運を左右するほどのものでなければ、「君の提案をやってみよう」と、取り入れる。自分の提案が採用されれば、社員は自分の提案を実現したいから、何かと心を砕く。途中で問題が起こっても、自分なりに解決する方策を見つけ、また、提案してくるだろう。たとえ、その提案が失敗したとしても、それによって、社の命運が揺らぐことはない。それどころか、失敗によって、その社員が大いに成長する。

また、この「耳を傾ける姿勢」は、社員の提案に対してだけではなく、社員に何かを命ずる場合にも大切だろう。単に「こうしてくれ」と命令するのではなく、「こういうようにしようと思うのだが、君はどう思う。やってくれるか」と相談調で話しかけるようにするのである。そうすれば、社員のほうも、「ぜひ、やらせてください」とか、「結構だと思いますが、ここはこうしたらどうでしょう」というように、自分の意見や意思を加えやすくなる。そのようにして、自分の判断が加われば、社員は命じられたことでも、自分自身の仕事として、熱意を持って取り組むだろう。

人間というものは、自分の意思、自分の責任において仕事をするとき、それまで以上にやりがいを感じ、生き生きと働くものである。そのときにこそ、社員は創意工夫をし、成果も上がり、成長もするのである。

冒頭の二人の経営者の違いが、おわかりいただけたのではないかと思う。

# 部下に尋ねて聞いて、経営に取り組む

松下幸之助は実によく部下にものを尋ねた。尋ね聞く姿勢は社内だけにとどまるものではなかった。

松下電器がまだ町工場のころには、時には品物ができあがると、問屋さんやお客さまの所へ行って、なんと、

「こんな品物を作りましたけれど、なんぼで売ったらよろしいでしょう」と尋ねたという。衆知経営どころか、買う人に値段を決めてもらうというのだから、無茶な話である。騙されたらどうなるのか。

しかし、実際にはそうではなかった。「窮鳥《きゅうちょう》懐に入れば猟師これを殺さず」ではないが、そう尋ねられれば買うほうも「では原価はいくらか。それじゃ、これぐらいの利益は要るだろうから、値段はこれぐらいがいい」となる。「そうですか、それではその値段で買うてください」。買う人は自分で値段を付けたのだから「まけろ」とは言えない。そのままの

値段で買ってくれたという。

松下電器がその後、大発展を遂げ、たくさんの商品をつくるようになると、まさかいちいちそのようなやり方で価格決定をすることは不可能になったが、その基本精神が忘れられることを松下は嫌った。「お客さまが値段を決める」という基本を大事にした。

世間では「松下はワンマン経営だ」という声もあり、新聞にも書かれたことがある。しかし実際にすぐそばで見ていると、松下の振る舞いはワンマンとは正反対のものであった。

優秀な人間のワンマン経営ほど恐ろしいものはない。例えばヒットラーである。見方、考え方を変えれば、ヒットラーは確かに「優秀なリーダー」でもあった。ところがその「優秀さ」は、ユダヤ人を虐殺、敗戦、そしてドイツを東西分裂させ、一時は最貧困に陥《おとしい》れた。ロシアにおけるスターリンにも同様のことが言えるだろう。なぜこの二人が「優秀」でありながら、歴史的大罪を犯すことになったのか。それは己の判断を絶対とし、多くの人の意見に耳を傾けず、大衆の知恵を切り捨て無視し、恐怖政治を行ったからである。

松下は違った。考え抜いた基本理念を提示し、その方針は堅持し、貫き通しつつ、衆知を集めて具体策を決めた。確かに優秀な個性は魅力的だが、松下は、優秀な個人が自分を神の如く考え、他人の知恵を採り入れずに振る舞うときの危険性をよく知っていた。

大きな成果を上げようと思うなら、一人ひとりの考えを聞きながら正しい方向を見いだし、皆に納得させつつ、一つの案に決めていく。やる気を引き出す。時にはより大きな視点から考えられた案へと部下を導く。そういう手順が大事。

ところが仕事を進めていくときに、とりわけ経営者はこの手順を踏まない。立場地位を利用、命令し、一方的に服従従属を求めやすい。それでは知恵が集まらないばかりか、部下の反感を買う。優秀ぶって部下に自分の小さな考えを押しつけてはならない。自分も知恵を出し、部下にも知恵を出してもらう。そこに考えられないような「叡智《えいち》」が生まれてくるのである。

松下幸之助は、各人の持つ知恵と能力を最大限に引き出し、上手に調合するのが、経営者、リーダー、上司の役割だと説いていた。

人間は一人ひとりがかけがえのない能力を秘めている。万物の王者たる一人ひとりの持つ知識、知恵、体験、技術といったものは、上手に融合することによってさらに高まり、企業の力を高め、その結果、社会貢献は大いなるものとなって、企業に利益をもたらす。当然、社員一人ひとりにも利益は還元されるから、経営者も、社員も、会社も、共に成長するということになる。

あるとき、松下が雑談の中で次のような話をしてくれた。

「君、今、(会社の社員が)何人おるんや。そうか。相当大勢やな。その子たち(社員)に、君、いろいろ尋ねながら、聞きながら、仕事（経営）をやってるか。みんなに話して、やってくれというだけではあかんよ。君一人で考えて、ええと思っても、それは君一人の知恵や。君一人の考えや。それでええときもあると思うけどね、たいていは失敗するで。部下に尋ねることが大事ということや。尋ねると部下は結構ええ知恵を出してくれるもんや。そうでないときもあるけどな（笑）。けど、それも一つの考えとして参考にできるわな。また、自分の考えを確かめることにもなるしね。

とにかく、独断があかんな。どんなに優秀でも、一人の知恵や考えには限界がある。神様ではないからな、人間は。だから、できるだけ多くの人の知恵を借りること。そういうことをして、君、自分の考えを補ったり、あるいは、もっといい考えをつくりあげる。それが大事や。そういうたくさんの人の考えを聞く。そうや、衆知を集めながら、仕事をしていくということをせんとな。そうすれば、きっとうまくいく。会社も発展するし、社員も成長する。なにより君が成長するわけや」

縁あってせっかく集めた人材、せっかく集めた才能なのだから、これを活かす工夫がほしい。これからの情報化の時代を考えればなおさらのこと、松下幸之助の「できるだけたくさんの人にものを尋ねながら、知恵を集めながら経営をぬかりなく進めなさい」という言葉は、千金の値をもってわれわれの心に響いてきはしないだろうか。

# 任せて、任せず

松下幸之助の言葉に、「任せて、任せず」がある。任せたけれど、最後の責任は自分がとらなければならない。だから、任せた者が果たして、うまく取り組んでいるかと気にするのは当たり前だろう。それゆえ、電話するなり、呼んで確認をする。話を聞いて、それでよければ頑張れと励ます。そうでなければ、「君、その点はこう考えたらどうか」とアドバイスというか、「誘い水」を与える。そういう「任せて、任せず」、任せながら気にかけ見ておく、声をかける、確認するということは、責任者として大切なことだろう。

任せた以上は、一切口出しをしないという人もいるようだが、やはり、「任せられた者」が失敗しないように配慮するのは、責任者としての責任ではないだろうか。「任せっぱなし」では、人が育たないと思う。

「任せて、任せず」、任せっぱなしにして、それが大物責任者などと思ってはいけない。

肝心なことは、一つは会社の発展のため、一つはその者の成長のためということを、知っておいたほうがいい。

私が、一つの会社の最高経営者に任ぜられたとき、その翌日以降、松下からそれまで以上に電話がかかってきた。日に4回どころか、8回もかかってきたことがある。周囲の先輩たちが、大変だなあ、気の毒にと言っていたが、私は、それまで松下の思想的秘書であり、経営のケの字も知らなかったから、松下からの毎日の電話はありがたかったし、ほとんど毎日の夕方からの呼び出しは、幸せであった。その電話で、その呼び出しで、随分と「経営」について教えてもらったし、「人の活用の仕方」「人の心の動き」なども身につけることができた。もちろん、厳しく叱責されることもあったが、それはそれで、私の全身の血肉になったから、ありがたかった。

とにかく、「任せっぱなし」だけでなく、「言いっぱなし」「やりっぱなし」「叱りっぱなし」「誉めっぱなし」など、「ぱなし」はよくない。必ず、フォローが大事ということである。責任者の「言いっぱなし」は社内なり、そのセクションに「無責任の毒」を散布していることになり、「やりっぱなし」は「乱雑の粉」をまき散らしていることになり、「叱りっぱなし」は「怨念の黒煙」を充満させることになり、「誉めっぱなし」は「増長の汚穢《おわい》」をまき散らすようなものである。

ところで、この松下の「任せて、任せず」というやり方に、不満不平を言う者もいた。「任せられたのに、うるさいなあ。任せてくれたんじゃなかったのか」と心の中で呟く、あるいはふてくされる、時に恨み、時に逃げ回る。それでは、自らの成長を自らの手で摘んでいるようなものだ。大概その部下は一向に成長せず、だから、業績もうまくいかず、結局はその仕事、その座から外され、あるいは、時に自ら退かざるを得なかった例は少なからずあった。いや、ある大企業のトップでそのようなことがあり、社長就任もわずか2年で退任させられたことは、ご存じの方も多いだろう。これだけでなく、数年ほど前にも、これに類する例があった。他にも幾つか思い出す読者がいるに違いない。

責任者は任せたあと、任せっぱなしで放っておくべきではなく、適時適切なフォローをしなければならないし、部下も「任せられても、確認と報告は怠らず」の心構えが大切である。

また、別の見方をすれば、おおよそ、人はとかく易きにつきやすく、ついついなすべきことに、もうひとつ力が入らないといったことになりがちである。「任せられた者」も、憤懣《ふんまん》し、不満を持ち、ふてくされるのではなく、任せられた者が、任せた責任者の思いを察し、現在の状況報告、連絡など自ら進んで行うことが望ましいと思う。また、責任者から訊ねられ、確認され、時に追及されて、初めて自分でも思わぬ能力が発揮できるということもよくある。

任せるということは、放りだすことでは決してない。

責任者には、責任者の最終的な責任というものがある。任せたあと、任せっぱなしにするのは、自分が「この部下なら」と期待して選んだ人を、自ら捨て去ってしまうのと同じことでもあるということを知っておきたい。それは、責任者としての責任を果たしていないということである。

任せてしまうと、部下に任せっきりにしたり、妥協してしまったり、追及をやめてしまったりしがちなものである。時に厳しく、時に追及し、時に助言し、時に激励しながら部下を育てていくことが肝要であろう。

だからこそ、責任者は心して、「任せて、任せず」の心持ちを忘れないようにしたい。それを、面倒だ、アイツの責任だという責任者に、責任者の資格はない。

経営も仕事も、人次第である。任せっぱなしではいけない。確実な成果を出さしめるためにも、そのことを放擲《ほうてき》してはいけない。「任せて、任せず」の言葉の意味を確認してみたい。

# 指導者は社員の天分を引き出せ

人間として生まれたからには、自分が持って生まれた人間的能力を死ぬまでに発揮し尽くすことが幸せというものだろう。そこにこそ、人としての生きがいも出てくると思う。しかし、挑戦なきところに生きがい、幸せは決して生まれない。

困難なことが自分の目の前に現れたとき、これは自分の新たな能力を引き出すチャンス、発見するチャンスだと思うべきだろう。いつも自分ができること、できそうなことばかりをやっているようでは、きっと人生を終えるときに、「俺は、こんなことしかできなかったのか」「私の能力は、これだけのものか」と後悔するに違いない。後悔を残したままの人生は、決して幸福とは言えないと思う。

「やらずに後悔するより、やって後悔するほうがいい」と多くの人たちが言っている。その通りである。「やらずに後悔すること」ほど、馬鹿なことはない。やることによって恥をかくかもしれない。結果として、できないかもしれない。しかし、恥をかいても、自分の能力の度合いを感じれば、それはそれでいいではないか。西田幾多郎《にしだきたろう》ではないが、「人は人　吾は吾なり　とにかくに　吾が行く道を　吾は行くなり」。人の批評、評価より、自分が納得すればいい。そして、やることによって、自分の能力の度合いを確認しながら、自分の天分を見つければいい。

自分の能力の度合いを知ることは、非常に大切なことだと思う。度合いを知っているからこそ、その度合いをどんどん伸ばすことができ、あるいは別の能力を引き出すことができるのである。

「俺はこんなこともできるのか」と、われながら驚き、改めて、自分で自分を評価したりする。そういう、自分でも気づかなかった能力を発見するところに、真の喜び、人間としての喜びが生まれてくるだろう。生きがいも生まれてくるだろう。

だから、社員や部下に、それぞれの能力の度合いを認識させ、新しい能力を自覚させることが、指導者、上司の役目でもあると心得ておきたい。松下幸之助が私に出す仕事の指示は、いつも私にとっては、それなりに高いものだった。そのたびに私は、「とても私にそんなことはできない」と内心思ったものだ。しかし、指示されたからには、やるしかない。そうして恐る恐る取り組んでみる。すると最初、自分ではできないと思っていたことも、やってみれば意外とできたりする。「自分には、こういう能力もあるのか」と、新たな自分を発見する。その繰り返しだった。

松下は、私の能力を知っていたかどうかわからない。しかし、常に私が思う能力より少し高めの指示を出してくれていたようだ。それを一つ一つ克服することで、私の実力の幅を大きくしていってくれたと思う。

ただ、指導者、上司が、常に考えておかなくてはならないことは、部下に難しい仕事を与え、それを社員や部下がやり遂げたら、俺の評価が上がる、業績が上がるなど、微塵《みじん》も考えてはいけないということ。

業績が上がるということは、社員や部下の能力を最大限に引き出させたことによる、あくまで結果だということである。また、天分を発揮しようと努力する社員や部下、その天分を引き出そうとする指導者、上司、それぞれが一つになったとき、指導者、上司と部下の信頼関係ができ、仕事の成功、業績の成長へとつながっていくのだということを知っておいてもいい。

それでは、天分とはいったい何か。それはまさに千差万別。冒頭にも述べたが、それぞれの人間が持って生まれた人間的能力、それが天分というものだろう。人生は、自分の天分を模索し続ける旅路でもある。天分を見つけ出すのに、時間のかかる人もいる。存外、早い人もいる。いま話題の大谷翔平《おおたにしょうへい》選手は、まさしく、自らの天分を早々に発見し、存分にメジャーで、その天分を発揮している人だと言えよう。

会社の中で言うならば、指導者としての天分を持っている人。事務能力が抜群に高い人。先端技術の天分を備えている人。そのような、それぞれの社員、部下が持っている天分を、適所に配置し、存分に人間的能力を発揮する場が、会社。とは言え、天分というものに、上下関係はないということは、よくよく理解しておくべきであろう。指導者は指導者の天分。それぞれの分野の社員はそれぞれの社員の天分。それぞれ別の才能、違う天分を持っているだけだということは、心得ておくことが大事。

松下幸之助という上司が、私の能力を引き出してくれた。しかし、松下は私を見下したことは一度たりともないし、私も松下を神様だと思ったことはない。上司の松下であり、また、松下も私の人間的尊厳を毀棄《きき》するようなことは決してなかった。ただ、上司としての松下は、常に私の能力、天分を引き出してやろうという配慮をしていたことは確かである。

要は、指導者、上司は、社員、部下の天分、持って生まれた能力を引き出す役目もあることを知って人材育成をすべきであるということである。

# 秘密のない組織をつくる

「超高度技術・超多様な社会」である。エクスポネンシャル（指数関数的）に技術は進み、ダイバーシティ（多様性）の時代にある。そのような社会、そのような時代において、企業はなにが求められるのだろうか。

言うまでもなく、それは「迅速な判断と決断と実行」である。1分の判断、決断の遅れは、結果的には3日の遅れになる。1日の遅れは、3ヵ月の遅れになり、1ヵ月の遅れは、3年の遅れになってしまう。そういう時代なのである。

従って、会社が常に考えておくべきことは、一つの情報が瞬時に社内を駆け巡るというシステムをつくっておかなければならないということだろう。社員が入手した情報が、すぐに社長や経営幹部に伝えられる。また、社長、経営幹部たちの情報が、直ちに社内を駆け巡り、全社員に伝えられ、全社が一瞬にして共通の認識をするという状況をつくっておかなければならない。そうでなければ、これからの超高度技術・超多様な時代には、遅れをとるだけでなく、会社の命運にも関わってくることは必至。特に、社長、経営幹部たちは、このことを強く意識しておかなければならないだろう。

経営は社長一人だけで取り組めるものではない。経営幹部たちだけで取り組めるものではない。社員たちだけで取り組めるものではない。もし、個々がそのように思っているならば、そのような会社は早晩衰退し、あるいは消滅するであろう。経営は、社長も経営幹部たちも社員も力を合わせ、心を合わせ、一致団結して取り組むものである。文字通り、「全員経営」をしなければならない。そのためには、社内の情報共有が不可欠、とりわけ重要だということである。

社長は、自分が情報を社内で一番集めているというのは、時代遅れの驕《おご》り。経営幹部たちが、新しい情報を多方面から収集しているというのは思い違い。今や、最新の情報を数多く持っているのは社員、とりわけ若手社員。

ちなみに、社長、経営幹部たちは、若手社員が身につけているデジタル操作ができるのか。社長、経営幹部たちが、最先端AI技術とか、最先端ロボット技術の情報を持っていても、実際に駆使できる知識を持っているのか。最先端環境技術や最先端バイオ技術の知識を熟知しているのか。あるいは、社長や経営幹部の中には、テクニカルシンギュラリティやCN（カーボンニュートラル）、DX（デジタルトランスフォーメーション）などという言葉も、言葉だけは知っていても、では、どうしたらいいのかという知識を持っているのか。

松下幸之助は、「社員に権限を与えるべきだが、その内容を責任者が知っていずに、権限委譲してはならない」と、よく言っていた。その通りだ。知っていなければ、指示の方向を間違える。社員から軽んぜられる。だから、ある程度の情報は、社長も経営幹部たちも勉強しなければなるまい。ゴルフに興じ、飲み会をやっているときか。そのような時間を削っても、それだけの知識吸収の努力は、若手社員に及ばずながらも、すべきではないか。

さあ、そこで社長なり経営幹部たちは、社員に向かって、これからの経営を、わが社の取り組むべき事業の計画を示す。最先端の情報を駆使して、計画を達成せよと指示を出す。それは大事なことだ。だが、それだけではいけない。この会社という船がどの港を目指すのか。その計画（航海）の目的はなにか。と同時に、その計画に取り組む心構え、考え方も併せ、社員全員に示さなければならない。さらには、その計画の最終目標を示し、その最終目標までの、その途中途中の時点における具体的目標を併せ示し、その計画、事業の全プロセスを明確にし、全社に公表することだ。

要は、「経営の見える化」をすること。それによって、社長はその計画の、折々の確認をすることができるし、経営幹部たちは、折々の指導も的確に行えるし、社員も自分の現在の仕事の確認をすることができる。いわば、経営を力強く推し進めることができるということである。

結論を言えば、情報にしても、経営にしても、「秘密をつくらないこと」「全員が同じ情報を共有し、経営の全体を把握して、その進捗状況を共有すること」。これからの経営を成長発展過程にのせたいなら、とにかく、指導者は全社的に秘密をつくらないことを心掛けなければならないということである。それぞれが情報を隠し合い、互いの腹を探り合うような会社に未来はない。

これからの社長、経営幹部たちは、「秘密のない組織づくり」「情報の飛び交う社内づくり」「取り組むべきことを知らない者が一人もいない経営の方向づくり」を目指していかなければならない。もし、そのようなことを心得て、経営をしている社長、経営幹部たちがいるならば、ポスト・コロナの時代になっても、ニューノーマル（新しい常態）に適応していけるだろう。

そのようなことを、社長も経営幹部たちも心掛け、実行することが、ポスト・コロナの、超高度技術・超多様な時代の経営というものである。

# 「社員稼業」の精神

サラリーマン根性という言葉がある。その意味は説明も要らないだろう。なるほど、大きな組織になればなるほど、そのような気持ちに陥りやすいのも無理からぬことかもしれない。

しかし、仕方なくやるのでは良い仕事もできないし、第一自分が苦痛ではないだろうか。松下幸之助の会社も大きくなってくると、そうした姿が散見され始めた。そのようなとき、松下が言い始めた言葉が「社員稼業」である。

社員稼業とは「自分は〝社員〟という稼業の経営者」という意味である。会社の一員という立場をもう一歩進めて、独立自営で自分は○○会社の社員稼業、社員という身分で、山田商店の社長をやっているんだと、そのような心意気で仕事をしてはどうかと松下は訴えたのだ。

松下は社員稼業の話をするときに、よく、うどん屋さん、そば屋さんの例を挙げた。例えば、うどん屋さんにしてもそば屋さんにしても、独立して一つの稼業を営んでいる人は、自分の事業として物事を判断し、そこに一生懸命打ち込んでいる。ところが、大きな会社の社員になると、自分の才能や判断において、仕事を自由に推進していける立場に立てる人は少ない。ついつい与えられた仕事を無難にこなせばいいというような安易な気持ちになりやすい。

そこで松下は、社員に「自分は社員稼業という一つの独立経営体の主人公であり経営者である」という心意気で仕事に取り組み、ものを見、判断し、実行することができないか、と提案した。そのような考えに徹することができれば、わがこととして働く喜びを味わえ、辛いことも乗り越えられるし、自分の稼業が繁栄していく喜びに、疲れも時の経つのも知らないというほどになるのではないだろうか。

松下は「最終的には、係は係長、課は課長、部は部長、会社は社長一人の責任だ」と説きつつも、社員一人ひとりもまた己の仕事に対する責任者であると話をした。換言すれば、一人ひとりが社員稼業の主人公であり、一人ひとり社員としての身分で、机を一つの店にして、責任者の自覚に立つことを呼びかけたのである。

要は受け身で仕事を考えない。これが社員稼業のコツである。誤解を恐れず述べれば、会社の始業時間は9時だとしても、8時半に出勤するんだと自分で決める。5時が終業時間でも5時15分を自分の終業時間にすると考える。あるいは、上司から「表を作ってくれ」と頼まれたら、表だけでなくグラフをつける。場合によっては、パワーポイントで使えるような配慮をする。責任を十二分に果たして仕事に取り組んでいく。

そういう仕事をすることが社員稼業である。与えられた仕事に何か自分で考えたものをプラスしていく。そこに主体性が生まれ、単なる与えられた仕事から自分が創造した仕事、自分の仕事になる。そうなれば仕事が面白くなる。今まで怒鳴り散らしていた上司も、そのような仕事をすれば感心し、頼ってくるようになるだろう。

こうして社員稼業が繁盛すれば、大きな仕事が舞い込んでくる。一層信頼され、頼りにされ、気がつけば社長の椅子に座っている自分を発見して驚く。いや、冗談を言っているのではない。嫌々仕事をしている人が社長になることはありえないが、社員稼業で「自分の店」を開けば、着々寸進、洋々万里、会社の中ではなくてはならぬ人材になること必定だからである。

時代背景を見ても、会社は命じられたことだけをこなしてくれるという人材を求めてはいない。時代はますます社員稼業に徹した自主自立の人を求めている。企画力や創造力が重要だと言われるが、もしも社員各人が、うどん屋さんやそば屋さんのように、社員稼業の経営者として主体的判断を持つならば、おのずと企画力や創造力が会社全体としても生まれてくるであろう。真にお客さまにとって良い商品か、魅力的、個性的で本当に売れるものか、在庫の山にならぬかと、一商店主の気持ちになって正しい判断をするようになるからである。

小企業体が集合して一つの会社を構成する。このような発想は、今のように「ネットワーク」が大切だと言われる時代においては理解しやすいが、松下がそれを言ったのは40年ほど前である。もともと小さな町工場から出発した松下は、主体性のある仕事の仕方をしたほうが人間はずっと幸福であることを体験的に知っていた。

だから松下は、社員一人ひとりが個人事業者の心構えを持ち、それが何千人、何万人とネットワークされて仕事を行えば、会社は強くなり、社員も幸福になれるはずだと考えていたのだろう。このように人間の本質に沿っているからこそ、時代を超えて松下のやり方は今も説得力を持っているのではないだろうか。そして松下は、自分自身も最後まで〝社員稼業〟たる精神を失うことはなかった。

これからの経営者が考えるべきことは、社員稼業の精神を持った社員を一人でも多く育て増やし、それを上手に生かす組織を創り上げることである。社員の独立心を喚起しつつ、自らも社員稼業の精神を忘れず、自主責任経営を実践するのでなければ、経営者としての資格はたちまち失われることになるだろう。

# 目標を定め、〝炭治郎型社員〟をつくれ

『鬼滅《きめつ》の刃《やいば》』が、話題になった。読まれた方もいるだろうが、あらすじはこうだ。時は大正時代。主人公の竈門炭治郎《かまどたんじろう》が、町に炭を売りに行く。夜遅くなったので、その町で泊まる。翌日、家に帰ると、父母兄弟が鬼に殺害されている。ただ一人、妹だけは、鬼になっていたが生きている。炭治郎は、殺害された家族の復讐と、その妹を人間に戻すために、命懸けの訓練試練を耐え抜いて鬼殺隊《きさつたい》に入隊。隊員たちとともに、鬼たちと激烈な死闘を続けながら、ついには、鬼の総元締め、鬼舞辻無惨《きぶつじむざん》を討ち果たし、家族の仇を取り、また、妹を人間に戻すことに成功するというストーリーである。

たかが漫画、されど漫画。その漫画の中に流れているのは、家族の絆、兄弟の絆、仲間との絆。また、日本の伝統精神を守り続けることの大切さ。そして、何よりも、一つの目標を実現するためには、自分の力の限界まで尽くす努力が大事であることが読み取れる。果たして、若い読者は、そのような捉え方をしたかどうか。血沸き肉躍るエキサイティン

グな漫画として捉え、また、そのほうが作者の意図に沿うのかもしれないが、私は全巻23巻を読んで、私なりに、そのように感じた。

この『鬼滅の刃』については、いろいろと書き記したいが、紙幅の関係で割愛する。ここで述べたいことは結局、炭治郎が文字通り、命を懸け、想像を絶する訓練試練に耐え抜くことができたのは、鬼の総元締めを討とう、討たなければならないという絶対的な「目標」「希望」があったからだということである。

このことは、何も炭治郎に限ったことではあるまい。企業の経営においても、社員が大いに実力を発揮するためには、「目標を持つ」「目標を持たせる」ということが、極めて大きな力になることは、周知の通り。

松下幸之助が「適切な目標を示し、社員に希望を与えない経営者は失格である」とまで言い切っているのは、そのような理由からだと思う。実際、目標が与えられれば、社員には自己向上と、その目標を達成するための創意工夫や、皆で協力する姿勢が生まれてくる。おのずと社内も活気があふれ、成果も上がってくる。

とりわけ、昨今はコロナ禍の影響もあり、在宅勤務やテレワークという新しい「働き方」が導入されてきた。しかし、実際には、新入社員が入社してわずか1週間で退職するケースが出てきたらしい。要は、対面もしていない、会社にも行っていない、パソコンのやり取りで仕事を与えられることへの不満が主な原因と識者は解説してくれたが、その通りであろう。

「仕事を与える」以前に、「目標を与える」ことをしてやらない限り、これから、新入社員のみならず、中堅在宅勤務者たちも退職し始めるのではないかと思う。

つまり、「会社としての目標」を明確に示し、それに基づく「個々の社員の目標」の概略を示すことが大事だということである。この「二つの目標」を提示せず、「この仕事があなたの仕事」「これが君にやってもらいたい仕事」ということでは、社員、従業員は、やる気が出てこないし、やり甲斐もない。「ああ、もうこの会社、辞めてやろう」と思うのもムリがない。

社員に「目標」を提示することが、経営者、社長としての重要な役割であり、その提示ができないならば、経営者、社長を自ら辞する以外にないだろう。

ところで、「会社としての目標」も、「個人としての目標」も、大事なことは、「可能性が感じられ、実感される目標」を設定すること、明示することである。「こんな目標を、今の会社が達成することなんて、あり得ない。夢を見ているんじゃないの」と感じさせるような「目標」では、逆効果になりかねない。どうして、この目標を提示するのかという説得力のある根拠を示すことが肝要であろう。「こういう手を打つ、こういう新しい事業を始める」などと言えば、「なるほど」と社員、従業員は納得し、「ならばこの会社でやってみよう、ひと踏ん張り頑張ってみよう」ということになる。

また、「個々の社員の目標」も、「こういう会社の発展の中で、将来的には、君にはこういう役割を期待している、こういう分野で活躍してもらおうと、現在考えている、今の仕事の次は、こういう仕事に異動してもらおうと思っている」。だから、在宅勤務者であれ、対面勤務者であれ、「君に期待しているよ」ということになれば、社員、従業員は懸命に、持てる能力を出し切りながら、退職など毛頭、頭に浮かべることなく、それぞれが仕事に取り組んでくれるだろう。

言わば、冒頭の『鬼滅の刃』の主人公・炭治郎ではないが、壮絶なまでではなくとも、「目標」に向かって、全力を出し切って、仕事に取り組んでくれるだろう。「炭治郎型社員」をつくれるかどうかは、経営者、社長の「二つの目標」の設定が、正しくできるかどうかにかかっているのではないか、ということである。

# 人情の機微を心得る

「物をつくる前に人をつくる」という松下幸之助の言葉は、あまりにも有名である。松下が創業して間もないころから、事あるごとに、「松下電器は何をつくる会社かと尋ねられたら、松下電器は人をつくるところでございます。あわせて電気器具もつくっております」と答えよと言っていた。

多分、当時の松下電器は、町工場のような規模。そこに潤沢な、また、レベルの高い実力の人材は、募集しても応募してくるものはなかっただろう。いきおい、知識的にも、能力的にも、それなりの人材を雇い入れなければならなかった。だが、そのような人材をそのままにしておくことは、松下の性分から許すことができなかったのだろう。だから相当、「人を育てる」「人材育成」に力を入れざるを得なかった。

が、そのような「人を育てる」「人材育成」の努力が、松下電器の発展と緊密に結びついていることを「発見」したとき、「物をつくる前に、人をつくることが経営、商売を進めるときに、なによりも大事だ」と直感したのであろう。それで、冒頭の「物をつくる前に人をつくる」という言葉が生まれたのではないかと理解している。

では、どのような人材を育てようとしたのか。

松下のそばで仕事をしながら、松下の、そのことを振り返って思えば、「心穏やかで、私心なく、丁寧で、慎ましく、思いやりがあり、打てば響くがごとき敏速な反応、公私のケジメをつける人材、加えて、人情の機微がわかる人材」を育てようとしたのではないかということである。

もちろん、このような人材が一朝一夕で育つということはない。だからこそ松下は、折あるごとに、「松下電器は、物をつくる前に人をつくるところ」と繰り返していたのだろう。とりわけ、「人情の機微」は、一般的に語られていないが、そのことを松下は、社員に身につけてほしいと願っていたように思う。そういうことは松下自身、心掛けていた。

例えば、昭和40年ごろ、日本の家庭に電気炊飯器がひと回り普及して、業務用の炊飯器に着手。技術者たちが徹夜に次ぐ徹夜でつくった試作品を、松下電器の役員会に持ち込んだ。各役員は、そこは問題だ、ここは手直しせよと侃々諤々《かんかんがくがく》。反応も今一つ盛り上がらなかった。意気消沈する開発技術者たち。ちょうど、昼時になる。配られた幕の内弁当のご飯は、その炊飯器で炊いたご飯。それまでひと言も発しなかった松下が、弁当のご飯を食べ終わると、「このご飯、おいしいな。もう一杯お代わりするわ」。そのひと言を聞いた技術者たちは、「どのような激励やほめ言葉よりうれしかった」という。

前述の通り、あるとき、私を連れて、某レストランに行った。食の細い松下が出てくる料理を食べつくすことはなかった。すると、シェフを呼んで、「まずかったから残したんやない。わしは歳も歳、食が細いからな、こうして残してしまったけど、気イ悪くせんといてな。料理は本当においしかったで」と言って、シェフに気遣いをしたこともあった。もちろん、シェフは笑顔で応じていた。

私が松下のところを夜10時か11時ごろ辞するときなどは、出口まで見送ってくれるだけでなく、「これから、いろんなことをやろうと思っているんやけど、どれも君に手伝ってもらわんといかん仕事ばかりや。そやから君、からだを大事にしてくれや」と言う。言われれば、「よし、この人のためなら」と思う。

もし、そのような社員や部下がいないというなら、あなたが「人情の機微」を読んでいないからだ。

豊臣秀吉《とよとみひでよし》がまだ羽柴《はしば》秀吉のころ、近江長浜《おうみながはま》城の城主であった。ある日、領地の近江に鷹狩りに出かける。獲物がなにかは書かれていないが、帰路の途中、観音寺《かんのんじ》という寺で、一休みしようと突然に立ち寄った。

とにかく喉が渇いている。茶を所望する。すると間もなく、寺付き小姓がお茶を持ってくる。茶碗いっぱいにぬるめのお茶を持ってくる。秀吉は、グッと一気に飲み干す。「うまい！ もう一杯」と求める。「かしこまりました」とその小姓が次に持ってきたお茶は、茶碗の半分にやや熱めのお茶。満足げに飲み干す。「もう一杯、くれんか」と秀吉。三杯目のお茶碗には、少し目の普通のお茶。

もうおわかりだろう。喉が渇いている秀吉は最初、一気に多めのお茶を飲むだろう、次は、ほどほどの熱さでいい、三杯目はもう普通のお茶でいいだろうと、寺付き小姓は考えたのだろう。その気配りに感心した秀吉は、この小姓を召し抱えた。その寺付き小姓こそが、後の石田三成《いしだみつなり》である。秀吉39歳、三成15歳のときである（『武将感状記』）。

このような「心配り」「気遣い」は、「人情の機微」が読めなければできるものではない。こうした「人情の機微」を読み、的確に行動できる人材を育てることが肝要。「人づくり」は、「人情の機微を心得る人材」をつくること。そのような人材を育てれば、会社も大いに評価され、思いがけない成果を上げることができよう。

# 松下幸之助に仕えた日々　3

モスクワでの約3000人の聴衆に講演をする著者（1992年）。

時には談笑しながら、著者はいつも松下氏の傍らで経営の奥義を聞いていた。

# 第4章

## 経営者の心得

### 松下幸之助が到達した心

# なぜ「起業」した会社は、失敗するのか

このところ、若い優秀な人たちと交流することが多い。彼らは語学も堪能、パソコンも自在に操る。何社もの大企業から誘いがあるが、応じることはない。

彼らだけではない。先日、東京・原宿のWeWorkというところに案内してもらった。WeWorkは、アメリカのニューヨークに本社がある。起業しようとする人たちにCoworkingスペースを提供している。39ヵ国750ヵ所以上。日本でもすでに東京、横浜、名古屋、大阪、福岡など40ヵ所ほどに拠点がある。世界で50万人以上の会員がいるというが、いわば場所貸しのようなものだ。

原宿のWeWorkの中では、多くの若者が大きなテーブルを囲んで、黙々とパソコンに向かって作業している。案内してくれた友人に聞けば、お互いにまったく関係はないと言う。それぞれが、いわば「個人商店」として、仕事をしている。その中の一人が、自動販売機のところでジュースを立ち飲みしていた。

「これからもこういうやり方で仕事を続けるの?」と聞くと、笑いながら「そんなことはないですよ。やがて起業して、会社を立ち上げようと。ここにいる人たちのほとんどがそう思ってるんじゃないですか」と答えてくれた。

彼らが起業するという思いは、「独創性と資金と仲間」がそろえば多分、かなえられるだろうと思う。成功を願いつつ、しかし、起業はできると思うが、経営ができるかどうか。起業はするが、経営まで考えていない。要は、起業はできても経営ができないと、アッという間に倒産する羽目になるのではないかということである。「起業」と「経営」の、いずれが難しいのか。言うまでもなく、「経営」のほうが難しい。

唐の太宗《たいそう》があるとき、「国を興すことと国を維持すること、どちらが難しいだろうか」と、近臣の房玄齢《ぼうげんれい》と魏徴《ぎちょう》に問いかける。房玄齢は「天下が乱れ、世の中の秩序が整わないときは、多くの英傑たちが激烈に覇を競い合い、負けた者は勝った者の臣下となる。ゆえに、創業のほうが難しい」と言う。すると、魏徴は「昔から帝王たちは、天下をとって一安心し、安楽に流れ、結局は国を失う。ゆえに国を維持していくことのほうが難しい」と言う。太宗は、この二人の話を聞いた後、「いずれにしても国は建った。これからは国を維持していくことが難しいと心得て、諸侯と共に努力しよう」と言ったという。

これが「創業は易く、守成は難し」という言葉になる。いわば、「起業も難しいが、経営はなお難しい」ということだろう。確かに、あるデータによると、起業して1年後に残っている会社は40％、5年で15％、10年で6％、20年で0・3％、30年では0・02％。何と1万社で2社しか残っていない、存続していないということになる。この数字からでも、いかに経営が難しいかがわかる。

なぜ、起業より経営が難しいか。起業は「点」で、そのための準備も、アイデアを生み出す時間もあるから、言い過ぎかもしれないが「一瞬」だ。一方、経営は「線」。その線を切れ目なく、まっすぐに引き続けることは、なかなか困難だと言える。

その独創性で、周囲から拍手され、資金も集まり、仲間も集まって、イケイケドンドンで起業してもやがて、何よりももろ手を挙げて賛同し、一緒に取り組み始めた仲間と対立する。起業した者は「オレがこの事業を始めたのだ」という意識を持つ。仲間は「オレたちが協力したから起業できた」という意識を持つ。いわば、お互いに主導権争いをし始める。それが、取引先への配慮を欠き、会社を失うことになる。

あるいは、数人を社員として採用するも、統率力がないから社員を掌握することができない。当然、業績は上がらない。しかし、誰も「責任はわれにあり」という思いがないばかりか、責任のなすり合いをする。社員はやる気を失う。かくして、仲間割れをして、数年どころか1年も持たないということになる。

どのような組織でもそうだが、崩壊する原因は外部にあるのではなく、内部にある。組織が崩壊する要因は、「成功体験を繰り返す」「現状に甘んじる」「なれ合いになる」「虚栄を張る」の4要因だが、いずれも内部の要因である。

とりわけ起業の会社は、お互いに虚栄を張り合い、対立する。あるいはなれ合いになる。しかし、そのなれ合いの結果、感情的な縺《もつ》れにつながり、結局は内部抗争、ついには会社消滅となる。

起業して、なおかつ会社を発展させたいと思うならば、何より「統率力」がなければならない。人心掌握力がなければならない。力ずくではなく人徳、人柄で仲間や社員をまとめていく人間に変身しなければならない。いわば、「起業家から経営者に変身すること」ができるかである。

起業する人たちは、「創業は易く、守成は難し」という言葉を、心の中に秘めておく必要があるだろう。

このことは、若い会社承継者にも当てはまることである。

## 滑稽な経営者、責任者になるなかれ

若い人たちに講演をするとき、「『おまえはひよこ』と言われないように心掛けたほうがいいですよ」と話をすることがある。そのように言うと、まず全員がきょとんとする。これは、「愚かな人、間抜けな人、エゴの人、恥ずかしい人、卑怯な人、幼稚な人、滑稽な人」の頭文字を並べているからである。きょとんとするのは、だから、当たり前。それぞれを説明すると、なるほどと合点する表情になる。しかし、この頭文字7文字は、決して、若い人だけのことではない。経営者、責任者も、「おまえはひよこ」と言われないように心掛けるべきだろう。とりわけ、社内ではこれらのことを徹底することが、詰まるところ、会社の成長発展につながる。

「愚かな人」とは、自分で自分の立っている踏み台を壊す人である。外部で、あるいは、飲み屋で飲みながら、仲間同士で自分の会社の悪口を言ったり、自分のところの製品をけなしたりする人たちがいる。しかし、それを周囲の人が聞いているとしたら、その会社に自分の優秀な息子、娘を入れようと思うだろうか。その会社の製品、商品を買おうと思うだろうか。入れないだろうし、買わないだろう。

そうなれば、いい会社になる可能性もなくなるし、製品、商品も売れないから、売り上げが伸びないし、利益も上がらなくなる。会社の悪口を言った人たちも、そこから給料をもらっているのだから、商品が売れなくなってしまえば、自分の給料が少なくなってしまう。あるいは会社そのものが危なくなってしまうこともある。そのように、自分で自分の踏み台を壊してしまう人は、「愚かな人」だというのである。

「間抜けな人」とは、努力をしなくても成功すると思っている人である。山の頂上へ行くには、一歩一歩汗を流し、一歩一歩足を運ばなければたどりつくことはできない。家を建てるにしても、汗を流し、土台をつくり、柱を立て、屋根を葺《ふ》かなければならない。そのような努力なしに、いっぺんに頂上に行ける、いっぺんに家が建つものだと思っている人は、実に「間抜けな人」だ。

「人が僕のことを、努力もせずに打てるんだと思うなら、それは間違いです」と言ったイチロー選手の言葉は、蓋《けだ》し、その通りである。

「エゴな人」とは、思いやりのない人である。社会は論理によって動くからといって、情や思いやりや配慮は不要だと考えるのは、浅薄というものだろう。そのように考えて振る舞えば、必ず自滅する。むしろ、世の中は「理3情7の原則」で動いている。自分だけよければと思い、自己中心主義で考え、行動するという「われよし主義」では、多くの人から反発を受け、協力は得られない。そのような人は「エゴの人」である。孤立して、仲間外れにされるのは必定である。

「恥ずかしい人」とは、約束を守らない人である。人間が集団で社会をつくっている、組織をつくっている以上、お互いに約束事を守らなければいけないのは当然のことだ。約束を守らない人たちばかりになれば、会社は、組織は、猜疑と不信に満ち、たちまちのうちに大混乱に陥り、ほどなく崩壊消滅するだろう。約束を守るということが、人間としての証、信用の基本である。その大切な約束というものを守らないとは、実に「恥ずかしい人」だと言えよう。

「卑怯な人」とは、陰でものを言う人である。陰で人の批判をする人である。悪口を言う人は、最初は面白がられる。しかし、そうやって陰で他人の悪口を言う人は、やがて、周囲から忌み嫌われるようになる。なぜならば、「ひょっとしたらこの人は、私の悪口も他で言っているのではないか」と思われるからだ。こういう人は、何をやってもうまくいかないのだが、面白いことに、こういう人ほど、余計に陰でものを言う。誠に「卑怯な人」だと断言できる。

「幼稚な人」とは、先の読めない人。マッチに火をつければ近くの紙に燃え移り、紙が燃えれば近くのカーテンに燃え移り、カーテンが燃えれば火事になる。子供はそれがわからないから家の中でマッチを擦る。自分がしたことの先が読めないからだ。酒を飲み過ぎると肝硬変になる。なれば肝臓がんになりやすい。だから「やめなさい」と医者から言われたのに、聞かず飲み続け、医者の言った通りになって、亡くなった有名な歌手がいた。実に「幼稚な人」だと思う。

「滑稽な人」とは、自分で周囲に言っていることをやらないで、周囲には自分の言っていることを求める人。

経営者にも責任者にも、そういう人がいる。交際費は使うなと言いながら、自分は交際費でゴルフをする。公序良俗に反することはしてはいけないと説教していた神父、僧侶が、事もあろうか、反することをする。自分が日頃、周囲に言っていることとは真逆のことをするのは、実に「滑稽な人」ではないか。

今一度、「おまえはひよこ」にならないように、とりわけ経営者、責任者は心掛けてもいいのではないかということである。

# 感動を与えられずに発展なし

経営者が権力を振るえば、下の人は言うことをきくだろうか。決してそうではない。むしろそうするほど、表面的には服従しながらも、内心反発する。松下幸之助は権力を振るい恐れさせるどころか、むしろ部下を、周囲の人を感動させていた。今の時代背景からみても、これは重要な点であるし、強調しておきたい部分である。

経営者が部下や周囲の人たちを「感動させる」ということがなければ、その会社に発展はありえないと私は思っている。感動がなければ、人はやる気が起こらない。「よし、頑張ってやろう」という気になれず、ましてや「よし、お互いのために、全体のために努力してみよう」という気持ちを引き出すことは不可能である。

感動こそが、人々に理屈を超えてやる気を起こさせる。感動すれば、人は損得抜きで能力を発揮する。全力を傾けて仕事に取り組む社員がいればこそ、会社は発展の階段を昇ることができる。部下に感動を与えることができない上司は上司たる資格がない、リーダーはリーダーたる資格がない。感動を与えることのできない経営者は、それだけで経営者として失格である。

1932年5月5日、松下幸之助は全従業員を集めた前で、産業人としての使命、そして遠大な――150年計画等を発表した。実際の松下電器の創業は1918年3月7日であるが、ある宗教の本部を訪ね、産業人の使命を悟った松下は、新たに「真の創業日」を創ってしまった。そして人類の生活の改善拡充が松下電器の使命であること、250年後に松下電器社員の働きによって日本を素晴らしい国にする使命があると、集まった社員に烈々と語りかけたのである。

「きょうここにわが松下電器の遠大なる使命を諸君に闡明《せんめい》し、真の創業に入る記念すべきこの5月5日を創業記念日と制定し、……本年を以て創業命知第一年とすることにする」と。命知とは「使命を知った」という意味である。会場は異常な興奮に包まれ、200人ほどの社員が次から次へと壇上にかけのぼり、所信表明を行ったという。

当時はまだ商売の地位は、通念的、社会的にはさほど高くなく、一般的に労働者はなかなか誇りを持って生きるというようにはいかない時代であった。ましてや松下の会社はまだ、ごくごく小さな一工場にすぎない。そこへ、先のような松下の宣言である。自分たちは単なる仕事をやっているのではない、自分たちは、聖なる仕事をしているのだ。理念に向かって、個人としても正しく生きていかなければいけない——そんな感動が社員の胸に満ち、「私にも言わせてくれ」「私にも」と、われ先にと壇上に上がる光景であったという。

ところで、どうしたら部下を感動させることができるだろうか。人を感動させることができる人と、できない人の違いはなんだろう。それは人間観と関連してくる。人間をどう捉えているか。相手をどのように思っているのか、部下をどう思っているのか、それが非常に大切である。

内心では消費者を小馬鹿にしたり、「こいつは無能だ」と思いながら口先だけで褒めても、相手はそのことを察知してしまうものである。常に「この人は偉大な力を持った存在だ」という心を持って、人に接し、部下に接する。

そのような人間観がなければ、到底相手が感動することはないだろう。経営者がそういう人間観を持って拝む心で部下と接する、人々と接すると、そうされた人たちは自分が本質的に評価されていると感じ、「この人を応援しよう」「この人のために一生懸命やってみよう」「自分自身の内なる能力を引き出してみよう」という気持ちが生まれる。そうなれば、おのずとその部門は発展し、企業は発展する。

極端に言うならば、松下幸之助がいつも言っていたように、「君、部下に手を合わせているか？」ということである。今は亡き谷沢永一《たにざわえいいち》先生は「松下幸之助さんぐらい、人に対していささかの優越感も持とうとしなかった人は、非常に稀である」ということを言っておられた。

それは松下の人間観による。常に相手に対して、この人は自分よりも違った能力、自分よりも優れた能力を持っている、という気持ちを持っていた。人間は誰もが偉大な存在であり、この宇宙においては王者だ、という人間観を持っていた。それ故おのずと優越感を持とうとしなかったのであろう。そして、だからこそ逆に多くの人に、無言のうちに感動を与えることができた。

松下幸之助は相手がいかなる人であろうとも決してその人を小馬鹿にすることはなかった。人間とは面白いもので、うまく話すことが重要ではない。それどころか、たとえ黙っていても、相手に感動を与えることができるものである。何か身体から出てくるもの。謙虚さ、その人の心のあり方、ものの見方——そういう何かに触れたとき、人はやる気を出し、力を貸してくれる。力を発揮してくれる。感動があるとき、人は本気であなたを応援してくれる。感動を与えることによって人が動く。会社が発展する。そのことを知らない経営者が経営を滞りなく行っていくことは、到底不可能であろう。

## 人間観で人は感動する

松下幸之助と接し、話した人の多くが感動し、感銘した。なにか特別な話があったわけでもないのに、それでも感激する人が多かった。つまるところ、その言動の根底に、「人間皆偉大」という人間観があったからではないか。

松下は独自の人間観を持っていた。昭和46（1971）年12月、76歳のときにまとめ上げたが、その原案は昭和26（1951）年9月に公表されているから、おそらく戦前というよりも、相当若いころから、人間とは？　と自問自答し続けていたのではないか。

結論を言えば、松下の人間観は、「人間は皆偉大な存在」「人間は誰もが、いわば、ダイヤモンドを持った存在」ということである。決して、罪業深重の凡夫でも、卑小な存在でもない。だから、誰もが貴い。「人間皆偉大」ということになる。

その人間観に基づいて言動したから、多くの人たちが感動、感銘するのは当然であろう。部下を叱るときにも、「心の中で手を合わせて叱れ」というほど。

要は、「部下を偉大な存在と心得て、叱れ」ということである。まして、そのような思い、考えで接すれば、何気なくともそれがにじみ出るから、相手は感動し感銘する。

松下は30歳のとき、大阪此花《このはな》区の区会議員になった。ある日、道を歩いていると、先輩議員の石井氏と出会った。立ち話になった。すると、石井氏が、そこの店でお茶でもと誘う。お茶ならと松下も応じる。昼前である。石井氏の行きつけの店だから、何も言わなくても店側はわかる。しばらくすると、結構なランチが出てきた。さあ、食べようと石井氏は食べ始めるが、松下は両手を膝に置いたまま、食べようとしない。けげんに思い、石井氏が松下に、なぜ食べないかと問う。すると松下は、「お茶と言われたから、お茶ならと入ったところ、豪華なランチが出てきた。今の時間、まだ、うちの社員は懸命に仕事をしています。その社員のことを思うと、食べることはできないのです」。それを聞いた石井氏は感動する。数年後、石井氏は区会議員を辞めて松下電器に入り、松下の下で働いたという。

松下電器は住友銀行としか取引をしていなかった。他の銀行とは、いくら申し入れがあってもすべてお断りしていた。というのは、昭和2（1927）年に住友銀行と取引を開始しているが、そのきっかけは、西野田《にしのだ》支店の支店長が異例ともいえる約束をしてくれただけでなく、金融恐慌が突発してもなお、約束を履行してくれた、そのことに松下が強い感銘を受けたからだ。以降、松下は住友銀行一行としか取引をしなかった。いわゆる、松下電器の住友一行主義である。

40年ほど前であったと思うが、まったく突然に、三井銀行京都支店長が私を訪ねてやってきた。応接間に迎えると、「今日はお礼に参上しました」と言う。しかし、私が経営責任者を担当している会社も、松下の会社も、当然、住友銀行としか取引していない。けげんに思っていると、その支店長が、「このたび、私は三井銀行の支店長になりまして」と言う。話を聞けば、こういうことである。

実は、自分が30代の初め、大阪支店に転勤になった。聞けば、松下電器は住友銀行としか取引していない。そこで自分は、よし、三井銀行も取引してもらおうと目標を立てた。そして、松下電器の本社の経理担当重役と会ってお願いした。もちろん断られた。しかし、以降、３日おきに松下電器の経理担当者にお願いに行った。とうとう経理本部の人たちも会ってくれなくなったが、それでも、３日おきに訪問し、本社受付嬢に名刺を託し続けた。それを３年間続けたという。多分、松下電器経理本部では、変人のように受け止められたらしい。

しかし、そのことが松下の耳に入った。そして、松下自ら会おうということになる。連絡を受けた本人は驚愕して、本店の常務と一緒に松下のところに行った。松下は同行した常務に、「お宅はいい行員さんをお持ちですなあ。この人の熱心さには感心しましたわ。で、わずかではありますが、お宅とも取引をしましょうか」。それを聞いた本人は、震えるほどに感激したという。そして松下が、自分たちの車が門を出るまで玄関に立って見送ってくれた。それで、また感激した、思わず涙が出たと話し、「高卒の私が支店長になれたのも、そのときの松下幸之助様のおかげです。そのことを江口さんにお話しし、松下様にお礼を伝えていただきたく参上した次第です」ということであった。

松下の、この一行員に対する対応の根底にも、「人間皆偉大」という人間観があったということである。

指導者は、「人間誰でも偉大な存在」という人間観を持てば、社員に、お客さまに、世間さまに、感動を与えることができるのだということである。その人間観を持ち、徹することができるかが、人を感動させ、動かす根本である。

ちなみに、「人間皆偉大」ということは、それだけ「責任」も大きくなるということを書き添えておく。

# 大将はひと言が大事

経営者が心掛けることは、積極的に社員に声を掛けることである。そのようなことは、小さいことではないかと思うかもしれないが、さにあらず。

『葉隠《はがくれ》』にも次のような一文がある。「義経軍歌《ぎけいぐんか》に、大将は人に言葉をよくかけよ、とあり。組被官にても自然のときは申すに及ばず、平生にも、さてもよく仕《し》たり。ここを一つ働き候へ。曲者かな、と申し候時、身命を惜しまぬものなり。とかく一言が大事のものなり」(聞書第一)。

要は、源義経《みなもとのよしつね》について書かれた和歌の中にも、大将は部下に言葉をよく掛けなさいとあるが、家来たちに、非常時とか普段とか問わず、「なんともよく仕えてくれるものだ。ここ一番と思って頑張ってくれよ。なんと優れ者よなあ」と言われれば、その者は命を惜しまず働くだろう。そういうひと言を、折々に掛けることが大将たる者、大事なことだということ。確かにそう言える。

というのは、松下幸之助は社員に自分のほうからよく言葉を掛けることがあった。エレベーターの中で乗っていた女子社員に、「あんた、どこで仕事をやってるんや」とか、「機嫌よう、仕事してくれてるか」などと声を掛け、「そうか、えらい難しい仕事、やってるんやな」「それはいいな、きばって、やってくれや」などと言っていたときがあった。廊下を歩いているときに、よく知っている部長が向こうから歩いてきて、すれ違うときにも、「あんた、なにか用事で来たんか。そうか。あんじょう、やってくれや」「君も忙しいやろう。えらいきばってくれているなあ」と言ったりしていた。

そういう気さくにというか、親しく声を掛けられた社員は、相談役（松下）から声を掛けてもらったと喜び、また、周囲にも、「ねえねえ、さっき、エレベーターで相談役さんから、あんた、機嫌ようやってるかって、声を掛けられちゃった」と話すだろう。それを聞いた仲間たちも、相談役は気さくな人、優しい人だと思う。そして、それがぱっと職場に、社員に広まる。また、その社員が家に帰って話をすれば、家人も、松下幸之助という人は、心優しい人なんだと思うだろう。

確かに、経営者が社員に言葉を掛けることが、社員に喜びを与え、やる気を出させ、また、経営者も、社員たちの反応から、社内の雰囲気を察知することができると思う。

しかし、多くの経営者たちは、社員に声を掛けるのは沽券《こけん》に関わる、プライドが許さないなどと思っているのか、あるいは気弱なのか、愚鈍なのか、話し掛けるということをしない。

みすみす社員のやる気を出させる、喜びを与えるという機会を自ら捨て去っている。もったいないこと極まりない。それでいて、どうもうちの社員は覇気がない、やる気がないなどと言う。その原因をつくっているのが自分だということがわかっていない。

そういうことだから、社員は仕事で問題が出てきたときも、経営者に報告をしない。しないというより、できない。経営者が遠い存在なのだ。近寄りがたい存在なのだ。

経営者が日頃、社員になにげなく、社員の誰彼となく声を掛けていないから、社員は経営者に報告すべきも、すぐに報告するのをためらう。ためらっているうちに、その問題が取り返しのつかないほど大きくなり、経営全体にも悪影響を及ぼすという場合が出てくる。「どうして、もっと早く報告してくれなかったのか」と激怒してみても、後の祭り。その元はと言えば、経営者が日頃から気さくに、心優しく声を掛けていないからだ。経営者から社員に近づいていっていないからだ。まったく天に唾するとは、このことだろう。責任は経営者にある。経営者一人の責任である。

経営者の条件は、人によってさまざまだろうが、やはり、「温かく、私《わたくし》がなく、丁寧で、つつましく、思いやりがあること。加えて、敏なること、厳を心得ていること」の7つだろう。

その条件を持ち合わせていれば、社員に声を掛けることはできるはずである。社員がよく頑張ってくれていると思えば、思わず声を掛け、ねぎらいの言葉も出てくるだろう。温かい配慮、思いやりの心があれば、沽券やプライドなど持つはずがないし、己に対しても厳しさがあれば、気弱とか愚鈍とかを超えて、普段から社員に声を掛ける、経営者から社員に近づいていくことを、ごく自然に行えるのではないかと思う。

厳しい経営環境である。どの会社も店も、世界経済の混迷なり、ロシア・ウクライナ戦争で苦境に立たされている。どういう戦略で経営を進めるかということは当然、経営者として考えているだろうが、加えて、社員に声を掛け、社員の労をねぎらうひと言を言い、励ますことを、今、この時期だからこそ、経営者は一層心掛けることが大事ではないかと思う。経営の成否は、社員の力と心の結集にあるのだ。

結びにもう一度、『葉隠』の言葉を引用しよう。「大将は人に言葉をよくかけよ」と。

# 上司は部下に「ものを尋ねる」べし

松下幸之助は、実によく部下にものを尋ねていた。必ず前傾になって、部下の目を見てうなずきながら、話に耳を傾けていた。そして、自分のわからないことについては、ためらいなく都度、尋ねた。その「尋ねる姿勢・聞く姿勢」という簡単なことが、経営で、仕事で、絶大な効果を発揮するということは、社長、上司は、よくよく認識しておいたほうがいいのではないかと思う。

その効果は、おおよそ社長、上司にとって二つ。社員、部下にとって二つあると考えられる。

社員や部下にとっての第一は、社長、上司の、その「尋ねる姿勢・聞く姿勢」に、「やる気が出る」ということである。常に社長や上司からものを尋ねられる、あるいは聞いてもらえるということになれば、「この社長は、この上司は、自分のことを信頼してくれているんだ」と感じ、「よし、頑張ろう」と思うようになる。もちろん、自分の意見が取り入れられればうれしいが、取り入れられなくても、「参考にしてくれたんだ」と納得する。だから、その社員や部下は、ますます「やる気」を出す。当たり前のことだろう。

第二に、社長や上司の「尋ねる姿勢・聞く姿勢」に、社員や部下が、おのずと「勉強」するようになるということである。

やる気になるから勉強する。「次に尋ねられたら、もっといい答えを言おう」と勉強する。自己啓発などという研修など不要である。まして、勉強したあと、何かの機会に、「君、教えてくれんか」「このことについて、君はどう思うか」などと、別の案件でも尋ねられる。その繰り返しによって、社員や部下は一層勉強するということになる。向上する。成長する。

では、社長や上司にとっての「尋ねる姿勢・聞く姿勢」の効果の二つは、何か。

第一は、社長や上司は、「情報」を居ながらにして集めることができるということである。

情報収集には自ら足を運ぶということが大切なのはもちろんだが、ここで重要なことは、「動かずして情報が集まること」である。いつも声をかけ、尋ねていると、やがて、社員や部下のほうから、「こんな話があります」「こんなアイデアはどうでしょう」と情報を持ってきてくれるようになる。やる気になって、勉強したあとの情報を聞かせてくれるのだから、こんなに得なことはない。

松下は病気がちで、時には寝室から出られないことも多かったにもかかわらず、あれだけの数十万人の社員を擁する巨大な会社を経営できたのは、ひとえに「尋ねる姿勢・聞く姿勢」に尽きる。情報がどんどん集まってくるからである。その情報を持ってくる社員や部下は、数百人、数千人に達していたと思う。

第二は、社員や部下に「尋ねる姿勢・聞く姿勢」のある社長や上司は、結局、「尊敬」されるということである。

威張って知識を見せつけ、押さえつける社長や上司より、「尋ねる姿勢・聞く姿勢」を持った社長や上司のほうが、「敬慕」され、「敬意」を表されるということ。松下を23年間、見続けてきた実感である。理路整然と部下を上から目線で説得すれば、社長、上司本人は気分がいいかもしれないが、言われるほうは、ウンザリして心が離れてしまう。社員や部下に尋ねれば、「よくわれわれの話を聞いてくれる」と満足し、納得して、ますます社員や部下がその周辺に集まり、敬慕尊敬される。しかも、松下はたとえそれぞれの話が同じような話であっても、熱心に聞いていた。

「いい意見やなあ」「その話は面白いな」「君の、その話は大いに参考になるわ」と都度、応じていた。そう言われると、社員も部下もやはりうれしい。「いい社長だ」「魅力的な上司だ」と思うのは当然だろう。

要は、いかに社長に、上司に「聞く姿勢」が大事か、ということである。「ものを尋ねる」

ということが大切だということである。そのような、社長の、上司の姿勢が、会社に、また部署に、社長を中核にして、上司を中心にして、「結束」が生まれ、その結束が一層の成長発展を生むことになるのである。

また、その社長や上司の「尋ねる姿勢・聞く姿勢」が、「社内の風通し」を良くすることにもなる。「社内の風通し」の良さは、決して、ニックネームで呼び合ったり、「さんづけ」で呼び合ったりすることではない。社長や上司が、「尋ねる姿勢・聞く姿勢」で社員や部下に接することで、いっぺんに「風通し」が良くなるということは知っておいたほうがいい。

聖徳太子《しょうとくたいし》の『十七条憲法』の第十七条に「それ事は独り断《さだ》むべからず。必ず衆《もろもろ》とともに論《あげつら》うべし。……衆とともに相弁《あいわきま》うるときは、辞《ことば》、すなわち理《ことわり》を得ん」とある。「尋ねる姿勢・聞く姿勢」は、松下の専売特許ではなく、聖徳太子の昔からの、責任者としての心掛けであったと言えるかもしれない。

## 「愛嬌」ある責任者に人が集まり、情報が集まる

人に会う。どのような考え方か、どのような性格の人かわからない。だから、誰でもまず、直感的にこの人はどのような人か、第一印象で判断する。そのときの要件は3項目であろう。一つは雰囲気、表情、二つ目は服装、身なり、三つ目は言葉遣いである。

とりわけ、雰囲気、表情は重要な印象と言える。その人の雰囲気、表情で、「人となり」がわかる。雰囲気、表情というものは実に大切なものなのである。

だから、責任者は常日頃からいい雰囲気、いい表情、言い換えれば、「愛嬌のある自分づくり」を心掛ける必要がある。何？　愛嬌？　などと軽んずるなかれ。軽んずる人のところに「情報」も「仕事」も集まってはこないだろう。

松下幸之助が、松下政経塾を創ったとき、私は最終選考に残った50人の一組、10人の面接官を、ウシオ電機の牛尾治朗会長と担当することになった。事前に手渡された受験生の学業成績、また、獲得資格は甲乙つけがたいほどの優秀さである。パラパラとめくってい

ると、牛尾氏が、「いやあ、これだけ優秀な人たちを面接選考するの？ 何を基準にしたらいいの？」と聞く。「わかりませんねえ」と答えると、「江口さん、松下さんに聞いてきてよ」と言う。同じ控室に居る松下に、「牛尾さんが、何を基準に採用すればいいのか、と言ってますが」と言うと、「そうやなあ、運の強い人。それに」と続けて、「愛嬌のある人を採ってくれや」と言った。

牛尾氏に報告すると、「えっ？ 愛嬌？ 愛嬌を基準にするの？」と驚きの表情をしたが、なおも、面接する部屋へ向かう途中でも、「女は愛嬌と言うけれどね、受験生は男の子ばかりでしょ」などと、しきりに首をかしげていたことを覚えている。

もともと仏教に愛敬（嬌）相という言葉がある。これは、お釈迦さまの顔のような慈悲深く優しい表情を言うらしい。要するに誰もがそばに寄りたくなるような、魅力ある表情が、「愛嬌」なのである。だから、女性に限らず、もともと男性にも愛敬（嬌）相が大切なのである。

ところで、なぜ松下が「愛嬌」を重視したのかと言えば、「衆知」を集めるためにはそれが重要だからである。当然のことだが暗い顔、厳しい顔をした人間のところに人は集まらない。人が集まらないということは、「情報」が集まらないということである。人が寄ってこない、情報が集まらないのは責任者、指導者として、致命的である。それを松下は経営者としての長い経験からよく知っていた。だからこそ、「愛嬌」というものを選考基準にしたのである。

これからの時代、「情報」が重要になってくる。多くの情報を手にした者が勝つ。いかに多くの人に情報を持ってきてもらえるようにするか。そのためには、「愛嬌」が大事ということになろう。

明るく振る舞う人、表情に愛嬌のある人を見ていると、誰でも何となく話がしたくなる。すすんでその人のところへ情報を持って行きたくなる。パーティーに行けば、どんどん声をかけられるようでなければいけない。それが結果として莫大な情報量となっていく。格好をつけて、重々しく黙っている人、苦虫をかみつぶしているような表情の人は、これからのビジネス社会ではもう通用しない。誰もが気軽に寄ってきて、気軽に「情報」を教えてくれる。伝えてくれる。そのためにも「愛嬌」である。笑顔である。柔和な雰囲気である。

部下も同じことである。上司が部下に仕事を頼むときに、「この仕事はA君にしか頼めないな」と思うのは、実は5割くらい。後の5割の仕事というのは、「A君に頼もうか、B君に頼もうか、それともC君に頼もうか」と考えるものである。要するに多くの仕事は、この三人であれば、誰に頼んでもきちんとやってくれるだろうと思われる仕事である。では、三人の中で誰を選ぶかというとき、その基準の一つとなるのが、「愛嬌」のある部下、「明るさ」のある部下であろう。愛嬌のある部下には、やはり頼みやすい、明るさのある部下には、やはり勢いが感じられる。同じ任せるのならば、頼みやすい、勢いのある部下に任せたいと思うのが人情である。

と同時に、上司が部下に指示を出す場合、上司は常に、「この仕事を任せて、やりがいを持ってやってくれるだろうか」と思う。考えていないようで、部下の気持ちを考えてしまう。表面ではスパッと指示を出しているように見えても、心の中ではそういう心配りをしている。この心配りを、部下の明るさが吹き飛ばしてくれるなら、上司としてうれしい。上司が自分を頼りにしてくれない、無視すると不平に思う前に、部下も「愛嬌ある自分づくり」を心掛けるべきであろう。

愛嬌のある明るい部下には、おのずと情報と仕事が集まる。自然に実力も高まり、当然評価も高まっていくことだろう。情報が集まり、仕事が集まる責任者、部下が、成功しないという理由はない。

## 雰囲気のある自分づくり

松下幸之助が、「指導者には、愛嬌が大事」と言ったことがある。やはり、人を引きつける雰囲気というか、愛嬌がないと、人が集まってこない。集まってこなければ、情報が集まってこない、ということだろう。

経営は、ますます研ぎすまされた情報で勝負する時代になってきた。だから、経営者は、情報を集めるためにも「愛嬌づくり」を心掛ける必要があるということになる。もちろん、結局は自分の中身、心の問題、徳の問題だということにはなるが、やはり、初対面で相手が自分の心なり、考えなり、人となりを理解することは難しいと心得ておく必要があるのではないか。

そして案外、人は最初に会ったときの印象に、その後も大きく影響されるものではないかと思う。いわゆる第一印象である。

松下と初めて会ったのは、ＰＨＰ研究所の秘書として、私を採用するかどうかの面接のときであった。それまで私は松下電器の横浜の事業場にいたから、大阪の本社に行く前に、ＰＨＰ研究所とはいかなるところかを先輩たちに聞いて回った。ある先輩は、「あそこは、松下さん直轄の聖域だからわからん」と言い、また、別の先輩は、「あそこは非常に厳しいところだそうだ。お辞儀の仕方から歩き方まで細かく注意されるらしい」などと言う。

松下電器の内部の者から見れば、松下は総帥であり、まさに雲上人。はるかに遠い、間近では会えない、本殿奥に鎮座まします「経営の神様」であった。だから、厳しい語調で鋭い質問をされるのではないか。もう断ろうと思ったが、若い私はミーハー的に、「神様に一度、会ってみよう」と思って出掛けた。とは言え、あれほど緊張したのは、生まれて初めてのことだった。

部屋に入ると、松下は大きな机の向こう側に座っていた。机が大きいからか、想像以上に小柄であった。そして、柔和な笑顔で優しく話しかけてきた。「お父さん、お母さんは元気か？」「どこの学校出たんや？」などなど、まるで世間話。身を乗りだして熱心に私の答えに耳を傾けてくれた。

「この人は実に優しい人だ」と、なぜかわからないが、そういう思いが大きく私の心に広がった。

その印象は、私のその後の松下との接し方に大きな影響を与えることになった。結果的に、松下の亡くなるまでの23年間ということになるが、その間、何度も厳しく注意され、ときには3時間ほど立たされたまま叱責を受けたことがある。しかし、いわゆる恐怖心というか、「怖い」という気持ちは、一度として持ったことはなかった。常にその奥底に何か優しさを感じていた。

後になって、そのような第一印象からだけではなく、松下という人の、その人間的本質が優しく、温かい人であるからだとわかったのだが、しかし第一印象のおかげで、私は最初からずいぶんと楽な気分で接することができた。そのような経験から、第一印象の大切さを痛感する。

では、どうやって自分の第一印象をつくり出せばよいのか。自分の「雰囲気」を、一体どうやってつくっていくことができるのだろうか。

「雰囲気」というものは、一朝一夕にすぐできるものではあるまい。「今晩から上品な雰囲気になろう」と決心したところで、すぐそういう雰囲気になることはできない。

しかし、次のことを心掛けるならば、だんだんと身につけることができるのではないか。

一つは「ふるまい方」。誰でも初対面のときは、瞬間的にお互いを判断している。「こういう性格だろう」「こんな人だろう」「強面《こわもて》だが、小心ではないか」「おとなしそうだけれども、芯が強そうだ」と、判断する。何をもって、そういう判断をしているかと言えば、一つは「ふるまい方」である。どんな態度をするのか、どんな表情をしているのか。二つ目に「身なり」。どんな服を着ているのか、どんなヘアスタイルをしているのか、どんな化粧をしているのか。「服で判断するのはおかしい」と言いたくなるかもしれないが、しかし、それが人情である。何も知らない者同士が最初に出会ったとき、誰でも「身なり」から相手の見当をつけるものだろう。

そして、三つ目は「言葉遣い」。どういう話し方をするのか、どういう言葉を使うのか、どういう表現をするのか。タメ口で話す人がいるが、これはやめたほうがいい。大抵、相手に悪印象を与えるものだ。そのように、「言葉遣い」でも相手の判断をするだろう。

要するに、その人の第一印象は結局、「ふるまい方」、そして「身なり」、そして、その人が使う「言葉」ということになってくる。

その頭文字をとって「FUMIKOさんを大切に」などと冗談めいて講演で話すこともあるが、この、ほんの三つのことを日頃から心掛け、工夫していくことによって、人の第一印象はずいぶんと違ったものになることは間違いない。社長のみならず、社員もまた、第一印象の大切さを心掛けるべきではないかと思う。

# 経営者は質素であれ

松下幸之助は、今の松下記念病院の4階の小さな一室に平日は起居していた。松下のそばで仕事をするようになってから、多分、2〜3年目であったと思う。松下から、その部屋に来てくれと呼ばれた。会社ならばともかく、小部屋といえども、静養の場であり、報告を受ける場である。もちろん、幹部はたびたび行っていたが、私はそのときが初めて。当然、若い私は緊張した。頭の中で、その部屋は立派な部屋だろう、シャンデリアが天井から下がっているとまでは思わなかったが、豪華な部屋だろうと妄想しながら訪ねた。

だが、中に入って驚いた。その粗末なこと。ベッドの頭の部分の板の一部が三角形に剝がれていた。経営の神様が使うベッドがこれなのかと心中驚愕した。「まあ、そこの椅子に座れや」と言われて座ったソファのひじ掛けは、ざらざらと荒くれだっている。額が掛かっているわけでもなく、どちらかというと、殺風景な部屋。

そのときの話が何だったたか、正直、忘れてしまったが、その風景だけは、今でも強烈に覚えている。

実際のところ、松下は自分の身なり、自分のことに関しては、おおよそ無関心であった。散髪は、東京の「米倉」という散髪屋さんの主人に注意されて、それから「米倉」に定期的に通いだしているし、眼鏡でも、札幌の「富士メガネ」の主《あるじ》に「そんなメガネをかけて外国に行かれては、日本のメガネ業界の恥だ」と叱られて、その主から言われるままに眼鏡を替える。服もネクタイも、お世話する人が差し出すものを、そのまま黙って、ネクタイを締め、服を着ていた。自分でも「やつす（おしゃれする）ほうではありませんわ」と言っていたが、確かに、自分のこと、身なりなどには無頓着であった。

だから、松下の関心は自分のことではなく、周囲の人々のこと、社会のこと、国のこと、世界のことにあったと言えるかもしれない。

竹中半兵衛《たけなかはんべえ》を知らない人はいないだろう。最初は、美濃《みの》の国の斎藤竜興《さいとうたつおき》に仕え、その後、織田信長《おだのぶなが》、羽柴秀吉に仕えた軍師である。ちなみに、名軍師と言われているのは、黒田官兵衛《くろだかんべえ》、山本勘助《やまもとかんすけ》、竹中半兵衛の三人。その竹中半兵衛の「物、財宝に対する考え方」が、『常山紀談《じょうざんきだん》』に、次のように書かれている。

「竹中（半兵衛）重治は、『自分に過ぎたる値段の馬を買ってはならない。その馬に乗って戦場に出て、よき敵を見つけたとき、その馬から飛び降りようと思うだろうか。このような馬は、なかなか簡単に得られるものではないと思うと、好機を逸することもあるだろう。その、よい馬ゆえに、名馬を失うまいと、せっかくの機会を失い、名を失うことにもなる。かせ侍（下級武士）は、金十両で馬を買おうと思ったら、五両の馬を買い求めるべきである。惜しげもなく飛び降り、その馬を放っておき、捨てることもできる。そして五両でまた馬を買えばいい。馬に限らず、そのような心構えが大事である。我が身も義によって捨てるのだ。まして財宝など惜しむにあたらない。塵芥とも思わない心がけを常に持っていなければならない』と言った」とある。

『書経《しょきょう》』に、「人を玩《もてあそ》べば、徳を喪《うしな》い、物を玩べば、志を喪う」とある。要は、人を小馬鹿にし、愚弄するような振る舞いをすれば、結局のところ、人徳を失い、逆に、他人から軽蔑されるようになり、また、物に執着し、あれやこれやとらわれていると、つまるところ、せっかく高い志を持っていたにもかかわらず、いつの間にやらその志を忘れるようになるものだということだ。この言葉は、「玩人喪徳《がんじんそうとく》」「玩物喪志《がんぶつそうし》」という四文字熟語になっているから、ご存じの人も多いと思う。

「徳」とは何か。「穏やかであり、私心なく、丁寧であり、つつましく、思いやりがあり、すばやく事を処理し、寛厳よろしきを得る。この7つの要件を兼ね備えること」であろう。論語的に言えば、「君子温良恭倹譲敏厳以得之」ということ。やはり、「倹」は「徳」の重要な要件だと思う。

「時計」は時を知らせるもの。にもかかわらず、これ見よがしの「高価な腕時計」をしている人を見ると、逆に、その人が「安価の人物」に見えるのはなぜか。「カネがあるから、名馬を買う」類いに似ているからか。「玩物喪志」の低俗な指導者に見えるからか。このごろは、そういうベンチャラー(起業家)によく出会う。若いから許されるということはない。経営者、指導者であれば、「倹」「つつましさ」を意識すべきだ。そういう意識、そういう言動が、多くの人たちに感動を与えるのである。そういう経営者、指導者に、人は魅せられ、ついていくのである。

芸能人であれば、それが「芸能人の売り」にもなろうから、「玩物」もやむを得ない。しかし、指導者、経営者は芸能人ではない。常につつましく、質素を旨として、「財宝」を誇ることなく、また、身に余る「財宝」があれば、恵まれない人のことを考えるべきではないかということである。

## のんびりと心許して遊んではならぬ

古くから、発明・発見については楽しいエピソードが多い。「偶然起きるもの」というわけで、ニュートンはリンゴが木から落ちるのを見て引力を発見したとか、フレミングは実験中に鼻水を垂らしてペニシリンを発明したとか、ノーベルは指にケガをしていて塗った薬のおかげで液状爆薬を発明したとか。偉大な発明・発見には、この種のエピソードが必ずあって、偶然とかたまたま見つかったように言われる。

しかし、もちろんそれは真実の一面であって、多少なりとも人生経験を積んだ人であるならば、そんな棚からボタ餅のような話を真に受けたりはしないだろう。さまざまな苦心の後に訪れる偶然。偉い人たちがあまりに熱中し過ぎて、四六時中そのことばかり考えていたために、何かの拍子で、それまでバラバラだった考えが一つにまとまったことを、面白おかしい話に仕立て上げているわけである。

日本人初のノーベル賞受賞者である湯川秀樹《ゆかわひでき》博士などは、中間子理論の核の部分を睡眠中に思いついたという。「寝ても醒めても」とはまさにこのことだが、もちろん昼も夜も考え続けていればこその僥倖《ぎょうこう》である。

松下も、安閑のんびりとやっているようでは、とうてい経営はできないと信じていた。「心を許して遊ぶという言葉があるやろう。しかし心を許して遊ぶ人は、経営者にはなれない。心置きなく眠る人もいるやろ。そういう人も経営者たる資格はないな」

松下はしばしば雑談の中でそう話すことがあった。

創業時は誰でも必死だが、少し安定してくると遊び始める経営者がいる。そして数年すると会社がつぶれてしまう。そのような例がよくある。本当は、会社の規模が大きくなればなるにつれ、それに比例して、経営者は経営のことを考えていなければおかしい。当たり前のことである。経営に手を染めた以上、手抜きは許されない。自分一人の生活がかかっているだけではない。社員の生活がかかっているだけではない。その家族のことを考えれば、数千、数万、数十万人の生活、いや生命がかかっている。ましていい物を安くたくさんつくらなければならないという使命を感ずれば、経営者が心を許して遊ぶことなど許されようはずもない。

松下幸之助という人は、経営者となってからは心を許して遊ぶという経験を一度もしていないはずである。経営者とは、それほど厳しく、つらい立場である。人生マイナス仕事

＝ゼロ、を甘んじて受け入れる覚悟なくして経営を引き受けるべきではない。それが嫌な人は、経営者を辞退すればいい。

平日の昼間からゴルフをしている経営者がいる。日本ではゴルフも大切な仕事だという面があるだろうが、従業員が汗を流して働いているときに、嬉々としてプレーする感覚は松下から指導を受けた私にはとても理解できない。だいたいゴルフ、カラオケでしかストレスを発散できないとすれば、何と次元の低い経営者かと思う。

最高の経営者なら、経営を考えつつ、経営の枠を超え、宇宙の果てまで思索で遊ぶ、人生、人間、生死とはなにかを考えて遊ぶ、そういう次元の高い遊びでストレスを発散してほしいものである。接待、遊びも仕事のうちと言うのなら、そうでもしなければ仕事を成し遂げられない自分の経営者としての非力を知る必要がある。仕事の中で仕事を処理できない能力の無さから、贈収賄、腐敗、汚職、そして不祥事が生ずる。

そもそも一瞬のスキ、一瞬の間が企業崩壊につながるというのに、大将が心許して遊ぶ。それで経営は成功したいと言う。何と虫のいい話だろうか。

「信長は酒を飲んでおるときも、常に隣国のこと、敵国のことを考えておったやろ。心許しておらんかったから全国を制することができた。君、そう思わんか」

松下はたびたび私にそのように話した。

エジソンは晩年、自動車王のフォードやタイヤで有名なファイアストーンらと、1年に1回、アメリカ国内を旅行したという。心を許して友人との楽しい旅であったらしいが、旅行中の会話は、新しい発明や企業経営の話がほとんどであったと、ファイアストーンは述懐している。松下もまた同じであった。

京都東山の松下所有の別邸で、二人で庭を見ながら話していても、たいていは経営の話や人間観の話になった。庭師さんが入って松の枝を落としている。右をもう少し切ってくれとか、左はもうええな、と指示した後で、

「枝を切るのはかわいそうにも思えるやろうが、全体のためには仕方ない。会社でも全体のことを考えて人を切らなければならないときがある。しかし『泣いて馬謖《ばしょく》を斬る』の気持ちが、そのときには必要やね」

多忙な松下にとっては心安らぐ短い時間であったが、しかし出てくるのはそのような経営と関わる言葉であった。経営についての自らの考えを、あらゆる場面において確認し、再構築していた。

ひとたび経営の責務を負ったならば、その任務から降りるまでは、心を許して遊ばない。相撲は八勝七敗でも昇進するが、経営はその一敗が致命的であれば、十四勝一敗でも倒産するということはしっかりと心にとどめておきたい。

## 「素直な心」で「反省」する

「商売のコツここなりと気づいた価値は百万両」。この言葉は実際、松下幸之助からのメッセージとして、社員の給料袋に入れられた。経営学は学べるが、経営のコツは学ぶことができない。経営のコツにかぎらず、すべてのコツは、決して人から教えられて身につくものではない。自分で実際にやってみて、失敗し、反省し、その繰り返しの中から、おのずと身につくものである。

あっそうか、こうすればいいのかと気づく。それは単なるコツの会得にとどまらず、一つの「悟り」と言うこともできるだろう。

松下が政治家を養成するために創った「松下政経塾」の基本は、「教えられること」以上に「自修自得」を大事とした。

自ら人情の機微、自ら経営のコツ、自ら政治のコツ、そして何より、「人間観」を修得しなければ、本物ではないという松下の考えに基づいている。

言葉には限界がある。いくら日本語の語彙が豊富であるとしても、思いや気持ち、心の中には無限の広がりがある。意を尽くし、言葉を尽くしたところで、そこにはおのずと限界がある。いや、むしろ経営のコツは、その尽くせないところに存在すると言ってもいいかもしれない。

水泳のマニュアルをいくら読みあさっても、たとえ万巻の書を読んだところで、すぐに泳げるものではない。実際に水の中に入り、時には水を飲んで苦しむことが必要である。経営の教科書を学び、マニュアルを紐解いても、それで経営が身につくものではない。いわく言い難し。そこに、経営成功の秘訣、すなわちコツが隠されている。

その、どうにも表現できないコツを、それではどうやれば身につけることができるのか。その方法はあるのか。否、方法はない。ないけれども強いて松下の話から探せば、反省すること。その繰り返しの中から、コツを会得できるようになるのかもしれない。

松下からは、一日の仕事が終わって布団に入っても、「すぐに寝たらあかんで」とよく言われたものである。眠る前に毎日反省しなさい、というのである。

今日一日の良かったこと、悪かったことを振り返りなさい。良かったと思うことは、さらにより良く成し遂げる道を考えてみなさい。悪かったことは、次のときにどうしたら良い結果が得られるのかを考えなさい。

そういう繰り返し、そういう毎日を積み重ねていけば、1年たち、3年たち、10年たつうちに、気がついてみれば、経営が順調に発展している。経営者自身も実力が身についている。カンが身についているということになる。

それが、経営のコツがわかってくるということである。カンは大部分が生来のものではない。生まれつきのものではない。

そして、押さえておかなければならないもう一つのことは「素直な心」。反省することが、経営のコツを自得する方法だとしても、その反省をとらわれの心でやっていたのでは意味がない。「とらわれず、こだわらず、かたよらず、素直な心」で反省する。素直な心がなければ、いくら反省していても、それは「形」だけ、「抜け殻」だけ。形は反省でも、本当の反省にはなっていない。

素直な心が伴って初めて反省、本物の反省ということになる。そこから初めて経営のコツが会得されるのである。

エジソンは、自分の会社にいる高い教育を受けていた優秀な研究者、技術者に、「君たちは、ろくにやりもしないで、すぐにノーと言う。やってみてから返事をしろ」と言ったという。フォードにも似たようなエピソードがある。高い教育を受けてきた人たちは、エジソンの指示する意図は理解できるのだが、頭でわかって、腹でわからない。「どうせ駄目に決まっているさ」と、心の中では思っている。だから、詰めのところで詰められない。ところが、一生を研究室の中で過ごしてきたエジソンは、「自分でやってみなければわからない。まず素直にやってみるべし」というモットーの人だから、高学歴の優秀な人材が随分と離れていったようである。しかし、その離れていった人の中から、エジソンを凌《りょう》駕《が》した人間は出ていない。なぜなら、理屈がわかっていても、詰めをやらない。成功するコツを身につけていないからだ。

実際にやってみて、一つ一つを素直な心で反省する。それを繰り返すという一見迂遠《うえん》のような作業。寝る前に素直な心で、「とらわれず、こだわらず、かたよらず」反省し、明日もう一度やってみる。

要は、これだけのこと。この「体験、反省の作業の繰り返し」以外、多分、コツを身につけることは不可能だろう。しかし、それをやり続ければどうなるかは、松下の足跡が教えてくれている。

# 真の反省は行動が伴わなければならない

反省とは、振り返り、失敗したことを思い、思案をすることだけをいうのではない。その日一日の自分の行動をたどって、良かったこと、悪かったことを思い出してみるということである。何をしても振り返って反省せず、良かったのか、悪かったのか思いもしないということでは、せっかくの体験が蓄積されていかない。体験が知恵にならない。

どうして間違ったのか、どうしてうまくいかなかったのかを考え、次は、こうして間違えないようにしよう、こういう対応をしてうまくやってみようと思うことが大事。が、同時に、うまくいったということも反省する必要がある。振り返って、うまくいった、適切であったという場合にも、確認し反省しながらもっと成功する、もっとうまくやることはできなかったか、成果を挙げるやり方はなかったのかを考えてみる。うまくいったからそれでよしということで、反省しなければ、次は失敗するだろう。「成功体験の繰り返し」は、詰まるところ、自己成長もしないし、事業も発展しない。

反省することに人間の成長があるということは、しっかりと覚えておきたい。だから、繰り返し述べるが、反省とは、悪かったことだけを思い考え、思案することを言うのではない。良かったこともまた、思い起こし、一層の成功の道を考えることも反省するということである。

「誰でもそうやけど、反省する人はきっと成功するな。正しく反省する。そうすると、次に何をすべきか、何をしたらいかんか、ということがきちんとわかるからな。それで成長していくわけや、人間として」

松下幸之助は、一日の終わり、布団に入って眠る前の1時間は、その日の反省に充《あ》てよと言っていた。

松下と雑談をしていると、「君は、布団の中に入ったら、すぐ眠るか」と訊く。30代前半のころだった。私は、布団に入ればすぐ眠っていた。「バタンキュウ」という言葉は、現在では死語になりつつあるが、まさに布団に入ればそのままアッという間に眠っていた。それが健康の証しと思っていたから、「イヤ、すぐ寝れます。バタンキュウですね」と答えると、松下は、「君、そりゃ、あかんわ」と笑いながら言う。

「君、一日を振り返らんといかん。いいことも悪いことも確認し、反省せんとあかんな。そうせんと、成長せえへんし、知恵も身につかんよ。まあ、1時間は思い巡らし、反省せんと」と付け加えた。

言われてみれば、なるほど、反省すること、一日を振り返って、要は、改善策を考えるということが大事なのか、何より、それによって知恵が身につくのかと納得したことがある。納得して、その日、帰宅後、寝床に入ったが、反省する間もなく、10分ほどで寝入ってしまったことを覚えている。が、その後、経営責任者になってからは、やはり、あれやこれやと頭に浮かび、また、あの顔、この顔が走馬灯のように頭を巡り、すぐに寝込むということはなかった。松下もそうであったのかと感じ入ることがあった。

事実、松下は夜、寝ながら一日を振り返るのが常であったのだろう。結局、松下は人の心の動き、自分の対処の仕方、成果や結果などを、次は同じ失敗をしないように、次はもっとうまくできるようにと考え、思案する日々であったのだろうと思う。要は、反省が松下の失敗を成功に変えて、失敗を失敗ではなかった、言い換えれば、その失敗を反省し、その失敗を踏み台にして、結果、成功に導いたからこそ、その失敗は失敗でなかったということになったに違いない。また、成功しても振り返り、反省し、さらにうまく対処する方策を考え出したからこそ、会社は発展に次ぐ発展をしたのだと思う。

ところで、反省とは、振り返り、思案するだけでは反省とは言えないということを忘れてはいけない。

反省は、必ず行動が伴うものだ。いつか、どこかのテレビコマーシャルに「反省だけなら猿でもできる」というものがあった。確かに、そうだ。本当の反省というものは、行動が伴わなければならない。ああすればよかった、こうすればもっとうまくいったということだけではなく、ああすればよかったなら、次は、必ずそのことを実行しなければならない。振り返るだけ、反省するだけ、こういうやり方があったと思うだけで、次なる行動がないということでは、真の反省とは言い難い。

一日を省みることは、誰にでもできる極めて平凡なことだとも言えるかもしれない。しかしそれを毎日、何年も続けるならば、知識を超えた、理屈を超えた知恵が身についてくる。カンが働くようになる。平凡なことも積み重ねによって非凡なものに変わっていくのである。

今日一日を振り返ってみると、反省すべきことがいくらでもある。その反省に徹したとき、自己が成長する。人徳のある人間になる。あらゆる面に革新が生まれてくる。反省することの大切さを今一度、思い起こし確認したい。

# 命を懸けて経営に取り組む覚悟

「あの人は、心を許して遊んでいる、とよう言うけどな。仮にまったく心を許して遊ぶような人がいるならば、そういう人は経営者にはなれんわな」と言う。昭和49（1974）年8月、松下幸之助のそばについて7年目のときだった。

西宮《にしのみや》の家の茶室でお茶を飲んでいるとき、普段は優しい口調の松下が、そのときはやや厳しい表情でそう呟いた。

私は思わず、「そんなに厳しいものなんですか」と相槌《あいづち》程度に答えると、松下が「それはそうやろ。信長な。織田信長は酒を飲んでいても、隣国のこと、敵国のことを頭から離すことはなかったやろうな。経営者も同《おんな》じや。命を懸ける覚悟というものがなければ、経営者になるべきではないな」と言った。確かに、織田信長は命懸けで戦をし続けたのであろう。『常山紀談』は、江戸時代中期に、備前《びぜん》岡山藩の湯浅《ゆあさ》常山の書いた武将逸話集である。もちろん、織田信長についても書かれているが、その上巻の「信長公朝倉《あさくら》を撃《うち》給ひし事」に次のような一文がある。

「信長が越前に攻め入った時、朝倉義景《よしかげ》は二万前後の軍兵で刀根山《とねやま》という大山に陣を取り、その麓に信長の先陣が控えた。ある日、信長が櫓《やぐら》に上り敵を見渡して、『敵は今夜必ず引き退くだろう。先陣の者達、油断するな』と使者を何度も遣わして命令した。これを聞き先陣の者達は、『殿はなぜあのようにおっしゃるのでしょうか。敵は大軍で山を拠点にし、地の利を得ていて、しかも戦いを仕掛けてきたほうですから、どうして引き退くことがあるでしょうか』と不思議がった。夜になっても信長はまだ、櫓にいて、敵陣を目も離さないで睨《にら》んでいたが、丑《うし》の刻頃になって、『さて、敵が退くぞ』と言うが早いか、法螺貝《ほらがい》を吹かせ、馬に乗り、『先陣の大ぬる山な連中（のんびり者）が油断しているから、旗本の者たちは、功名を上げよ』と、真一文字に進んだ。果たして先陣は後れをとって、信長の旗本の活躍で勝利を得た」（大津雄一、田口寛訳）。

まさに、櫓に上り、立ち続ける信長の様子からも、松下の言う「心を許して遊ぶ」姿は浮かんでこない。

松下の、この言葉の鮮烈な印象を、私は今でもしばしば思い出す。

確かに、松下はたとえテレビを観ているときでさえ、「心を遊ばせること」はなかった。あるとき、松下がテレビを観ていると、オランダのフィリップス社のコーヒーメーカーの

ＣＭが頻繁に出てきた。そのようなときも、うん？　こんなに頻繁にＣＭが出てくるのはなぜか？　売れているからではないか、と思う。調べさせてみると、やはり、フィリップスなどの外国製のコーヒーメーカーは、日本国内のシェアは65％。国内メーカーは、わずか35％のシェアの中で争っている。国内メーカーがそのような現状でよいのかと、事業部長を呼んで、指示を出しつくらせたのが、「キャリオカ」というコーヒーメーカーである。そして、瞬く間に第1位のシェアをとったという有名なエピソードがある。

そのように、あらゆる機会を、あらゆる話を、あらゆる情報を、松下電器の経営に、事業に結び付け、そして、ヒントを得るとすぐに実行に移し、成功させていた。

経営者は数人、数百人、数万人の社員とその家族の生活を、ときには生命すら左右する存在である。

松下に言わせれば、「経営者は仕事に命を懸け、人生から仕事を引いたらゼロになってもいい」、すなわち、経営者の間は「人生－経営＝ゼロ」をもって良し、という覚悟と実践がなければならないということ。「経営のために命を落としても、それは本望である」と考えるくらいでなければならない。でなければ、経営者たる資格はないということだろう。

そういうことでは身がもたないという人は、経営者になるべきではあるまい。

一つの会社の中で、全員がそう思うべきだとは言わない。しかし、少なくとも大小を問わず、いかなる会社の最高指導者にも、その覚悟が要る。社員と同じように、アフター・ファイブは遊びに徹します、心を許して休みをとります、というようなことでは、どうにもなるまい。

先憂後楽とは、「天下の安危について真っ先に憂え、楽しむのは人より後にすること」が指導者の心構えだという言葉だ。せめて最高指導者ぐらいは、先憂後楽の心掛けで、自分の会社に命を懸ける思いがなければ、経営はうまくいかないものである。社員と同じように遊びたい、心を許して休みたいと思いながら、経営が成功するなどということはありえない。経営は、それほどに甘いものではない。実際、「命を懸けて経営する」という覚悟がなければ、困難な問題に出くわすたびに、いたずらに煩悶《はんもん》を繰り返すだけということになる。

繰り返すが、経営者は決して「心を許して遊ぶ」ことなく、先憂後楽、文字通り命懸けで取り組まなければならないということを、肝に銘じておくべきではないかと思う。

## 「方針」を示せない経営者は退くべき

経営に携わるものにとって、「方針」というものをいつも明確に示すことが、極めて大切であることは言うまでもない。「方針」がなければ、経営をすることは不可能である。では、「方針」とは具体的に言って何か。この会社を5年後に上場するということが方針なんだと言う社長もいるかもしれない。今月の売り上げを、この金額にするのだということが方針であると決まっていると言う上司もいるかもしれない。そういう方針を社員に、部下によくよく話しているから大丈夫だというのは果たしてそうだろうか。それは、社員に、部下に、懸命に走って、旗を取ってこい！　と言っているのに似てはいないか。

しかし、そう言うだけでは、社員は、部下は、そうか、一生懸命に走って、旗を取ってきたらいいのか。ならばガムシャラに走って、どの旗かわからないけど、旗なら何でもいいのだろう、人道に反しても法に触れなければ、何でもやって取ってきてやろうなどと、社員、部下はそれぞれに心の中で思うだろう。

そうではないんだ、方向は北だ、旗の色は黄色だ、進んでいくときの心構えはこうなんだ、進むタイムテーブルはこうだ、それは君の人間的成長をも合わせ考えてのことだ。そう説明することが、「方針」というものである。すなわち、「方針」とは、基本理念＋具体的目標＋最終目標の三つの要素を含んでいることである。それらの要素を含んでいなければ、「方針」とは言えない。

「基本理念」とは、何のためにこの会社があるのか、何のためにこの仕事をするのか、そして、どんな考え方でもって経営をやるのか、仕事をするのかということ。そして、「具体的目標」とは、最終目標を達成するための具体的な数字や課題。また、「最終目標」とは、最終的にこういうところに到達しよう、目指すべき頂《いただき》はあれだ、あの山頂だ。そういう三つの要素を内包したものが「方針」ということである。

もし「方針」がはっきりしていなければ、社員や部下は、どの方向に動いていいのかわからない。

懸命に走れ！ 旗を取ってこい！ 命懸けで仕事に取り組め！ 結果を出せ！ 成果を挙げろ！ とハッパを掛けられるだけでは、社員は、部下は力強く走れない。仕事に取り組めない。

しかし、一生懸命に走れ！ と言うから、旗を取ってこい！ と言うから、社員は、部下は自分なりに考えた方向に走る、一生懸命に走る。とにかく懸命に走る。命を懸ける思いで仕事に取り組む。走って走って、取り組んで取り組んで、とにかく戻ってきて報告する。

自分なりによく走った。自分なりに一生懸命取り組み、自分なりにいい結果を出したと思って、社長や上司に報告する。報告した途端に、どこを走ってきたのか！　そんなところへ行ってどうするんだ！　そんな旗を取ってきてどうする！　と言われるぐらいつらいことはない。悲しいことはない。まして、お前のやったことは、何の意味もないと叱責されたら、どう感じるだろうか。

その社員、部下の落胆は大きく、やる気を失うばかりではなく、そういう指示しか出さなかった社長、上司を恨むようになるだろう。他の社員、部下たちも、そういう社長、上司を心の中で軽蔑するようになる。「方針」を明確に出さなければ、そのような無残な毎日が繰り返されることになる。

具体的に言おう。例えば、マラソンの選手がいるとする。彼に監督が、一生懸命に走り込め！　練習をせよ！　というだけで、その選手が名ランナーになることは、ほとんどない。しかし、監督が、君が練習するのは、自分自身を成長させるためだ、人として立派な人間になるためだと語り、そして、こういう姿勢で走ろう、こういう手の振り方を、足の運び方をしようと教える。これが「基本理念」。

加えて、「君は、オリンピックの出場を目指そう。オリンピックで、悪くても銅メダルを取ろうと話をする。これが「最終目標」。そのために、5kmはこのペースで走り、10kmはこのラップタイムで、30kmは、40kmはこの時間でと指示する。これが「具体的目標」。

そういう方針を提示されれば、選手は監督の方針に沿って、監督の期待通りに「最終目標」をクリアすることができる。あるいは、銅メダルに届かなかったとしても、ぶざまな結果になることはまずない。

事をなす。指示を与える。そのときの絶対条件が、「方針」であるということは、自分自身の成長のためにも、社員や部下の成長のためにも、社長も上司も覚えておいたほうがいいだろう。

「できん社員だ」、「ダメな部下だ」と思い、時に、言う前に、社長も上司も、正しい「方針」を出しているかどうか、顧みることを心掛けたい。

「方針」を提示できない、「基本理念と具体的目標と最終目標」の三つを示すことができないと自覚するならば、その社長も上司も、黙ってその席から退くべきだろう。

# 経営者は決断することが仕事

経営者の決断を、社員はもっとも求めているものである。にもかかわらず、なかにはその決断が下せない経営者がいる。

ああでもない、こうでもないと言いながら、決断しないから、社員はいら立ち、必然、社内の雰囲気は悪くなる。

なぜ、決断ができないかと言えば、もしものときに責任を取る覚悟がないからだ。できるだけ責任を回避しようと思うからだ。

だから、決断を先延ばしする。なかには、いよいよ決断ができないとなると、多くの社員が望むことを選択し、決断する。結局、それが一番問題を大きくする。経営は多数決で行うものではないことがわかっていない。多数決で決断するならば、そもそも経営者は要らない。

多くの社員なり、多くの人の意見を聞きながら、その多くの意見をアウフヘーベン（止揚）

して決断すべきだが、それができない。そういうことで、解決をますます困難にしていく。

迷い、悩み、決断をしても、その決断に対して必ず批判は出てくるものである。多くの経営者がなかなか決断できないのは、その批判を恐れるからだろう。しかし、自分の決断に対する批判を恐れるとすれば、単にどうしよう、どうしようと戸惑い、「考える」程度であって、松下幸之助の言う「血の小便」を出すほどに「考え抜かなかった」か、あるいは、自信のないまま多数決的に決断したのか、いずれかであろう。どちらにしても、経営者が自分の決断に対する批判を恐れるとすれば、経営者としての資格がないと言わざるを得ない。

しかし、いかに批判が出ても、いろいろな人の意見も聞いた、社員の意見も聞いた。その結果の決断となれば、話をしていても、いわばその人たちを後ろにして話している気分にもなるから、迫力が出てくる。

その決断に多くの社員が感動する。社員たちだけでなく、多くの人たちを感動のうちに得心させることができる。それだけでなく、感動すれば、社員は寝る間も惜しんでというほどに、命懸けで仕事に取り組んでくれる。そして、経営者の決断以上の成果を出してくれるものである。

私自身の経営者時代は、ことのほか決断、実行が早かった。それは、松下が私に指示を、例えば、1週間で結果を持って来いと言いながら、翌日、あるいは翌々日には、「わしが頼んだこと、できたか」と必ず聞くからだ。そういうことが繰り返されると、そうか、1週間というのは松下にとっては1日、2日のことか、1ヵ月というのは1週間のことかと考える。だから、自然と与えられた仕事の結果出しが早くなる。

そしてそれが、経営者としての「決断の早さ」にもなった。大抵は瞬時に決断、長くても3日以内で決断し、社員に指示を出した。経営者である私の決断の早さは、社員の仕事の早さにも伝播《でんぱ》する。

おおよそ経営は、①合理化、すなわちムダの排除、②迅速化、すなわちスピード処理、③成長戦略の構築。この3点を回し続けることが基本。その内の②迅速化は、経営者が決断を早く下すことによって、社内に浸透し、経営は予想以上の成果を上げる。決断を先延ばしし、グズグズしていると、経営のサイクルがスムーズに回らなくなって、結果、会社は衰退の道を突き進んでいくことになる。

経営は経営者一人の責任である。確かに、経営者が考えて考え抜いて、衆知を集め、命懸けの決断をすれば、必ず経営はうまくいく。

織田信長が清須《きよす》城を飛び出し、桶狭間《おけはざま》に向かう決断をしたのはいつか。3千の軍勢に対して、今川義元《いまがわよしもと》の軍勢は3万。どうにも勝ち目がない。しかし、今川義元が桶狭間に本陣を構えたと知った瞬間、信長は即決断している。周囲が止めるのも振り切って、わずか数十の家来を引き連れ、城を出る。信長が城を出れば、次々に家臣が集まってくる。それでも3千。

しかし、信長は狭間に義元が本陣を構えた情報を得た瞬間に決断している。狭間は文字通り、狭いところ。いくら3万の軍勢でも、狭いところに全軍勢が入り戦うことはできない。まさに、間髪いれずの信長の決断。領内を熟知している信長は、遠回りに進軍し、「狙うは義元ただ一人の首」と下知して、雨上がりの桶狭間に本陣を構え、気を許していた義元を急襲。信長の思惑通りに、義元の首を取って、いわば、奇跡の勝利を収めたことは、すでにご承知だろう。要は、桶狭間の勝利は、信長の瞬時の決断の勝利。いかに、瞬時の決断が重要かがわかる。

経営においても同じこと。経営者が決断しなければ、社員も仕事をどのように進めたらいいのかわからない。ゆえに、決断できない経営者は経営者ではない。松下の言うように、「決断することが経営者の仕事である」し、「決断は一瞬にして生まれるものである」ということは、しっかりと心しておきたい。そのためにも、日頃から衆知を集める努力は、怠るべきではないだろう。

# 経営者には不動の心が大事

一生涯、何の苦労もなく順風に帆を張って過ごすことができる人は数少ない。経験的に言えば、順境3割、逆境7割。いや、それが最高。常識的に言えば、順境は1割か、せいぜい2割。それが人生というものだろう。ニーチェの「永遠回帰の指輪」、すなわち、人生はダイヤモンドにたどり着くために、指輪の周りを歩き続けなければならない、その繰り返しであるということである。

経営とて同じこと。起業して存続する確率は10年間で6％、20年間で0・3％、30年間で0・02％という数字。あるいは、企業の寿命は平均25年（企業寿命25年説）。これは、経営というものがかなり難しいということ。

企業を存続させるため、逆境をいかに乗り越え続けられるかが経営の最大課題ということであろう。困難に襲われたとき、何もかもがうまくいかないとき、どう振る舞うか。そのとき、その経営者の真価が問われるということである。

松下幸之助が、ある人に問われたことがある。「織田信長は『鳴かぬなら　殺してしまえ　ホトトギス』、豊臣秀吉は『鳴かせてみよう』、徳川家康《とくがわいえやす》は『鳴くまで待とう』ですが、松下さんはこのうちのどれに当てはまりますか」と。その問いに対して「そうでんなあ、いずれも私の考えとは違いますな。私は『鳴かぬなら　それもまたよし　ホトトギス』ですわ」と、にこりとして答え、問うた人を感心させたという話が残っている。

ホトトギスが鳴かぬ。それではと、狼狽《うろた》えたり、あるいは策を立ててムリにでも鳴かせようとするのではなく、鳴かなければ、それはそれでいいではないか。それを前提に、そのホトトギスを楽しもうと、動じない松下を垣間見ることができないか。間近で見ていると、松下の「不動の心」を感じることが多かった。

経営も人生も、前述の通り逆境、苦境のときが圧倒的に多い。だが、朝の来ない夜はない。夜の間に反省し、新しい態勢を整えればいい。よりよい明日を迎える知恵を出せばいい。必ず、力が湧いてくる。勇気が出てくる。そのとき、必要な心が「不動心」だと言えるだろう。

宮本《みやもと》武蔵《むさし》は29歳で一切の試合を終えているが、13歳から数えて16年間の間に60数回の試合をして、一度も負けたことがないという（吉田精顕『宮本武蔵の剣法』）。彼の試合はすべてが真剣だったというから、まさに生きるか死ぬかを年平均4回、3ヵ月に1回続けていた計算になる。そのような状態の中でなぜ、武蔵が不敗であったのかと言えば、常に「不動心」。

いかなる場面、いかなる相手に対しても、狼狽え、動揺することがなかったからであろう。そうであればこそ、相手が長剣のときはそれに対応し、クサカリ鎌のときにはそれなりに、多勢のときにはそれに応じて、自身の剣法を自在に変化させることができたのではないか。

それはともかく、松下は「不動の心」の大切さを説いていた。

「誰でも苦境に陥ることがあるやろ。わしが思うには、苦境のときの心の持ち方なんや。人間、苦境のときには、悪い方へ悪い方へと考えがゆく。しかし、そこでどう踏みとどまるか。そこが大事やね。人間は、気持ちの持ち方のほうが問題なんや。失敗はいくつあっても、なんぼでも取り返せるという気概がないといかんな。けど、気持ちがくじけてへたり込んだら、出る知恵も出んし、新しい工夫も生まれてこん。そのためには、苦境にあっても、逆境にあっても、平静と変わらない心、まあ、不動の心というもんを持ってないとあかんということやな。経営者が心動ぜず、不動の心を持てば、腹の底から湧き上がるような勇気が生まれてくるもんや。だからね、失意のときにも泰然自若としておられるよ」

指導者が、経営者が狼狽えるようではいけない。「不動の心」を常に忘れず、泰然自若。

その大将の姿、その社長の姿に部下は、社員は動揺することなく、さらなる力を発揮。ほどなく経営の逆境、会社の苦境を乗り越えることができるのではないかと思う。

その松下の「不動の心」、動ぜぬ心が示された有名な例を、紙幅の関係で一つだけご紹介したい。

それは、昭和4（1929）年の世界恐慌のときのこと。大抵の企業がいわゆるリストラ、解雇を実施した。その中で、松下だけが、敢然と社員を一人も解雇せず、一銭の賃金引き下げもせず、社員を感動させ、励まして、わずか数ヵ月で在庫ゼロ、そして、他の会社の倒産が続く中で、ひとり増産へと転換させている。わずか34歳のときである。このとき、松下が狼狽え、他社と同じように社員を馘首《かくしゅ》、すなわち解雇していたとすれば、今のパナソニックは存在していないだろう。

それぞれの苦境、逆境の諸問題を頭の中で高速に回転させながら、心は動かざること山のごとし。その不動心こそが、松下の経営成功の秘訣の一つではないかと思う。

# 冷静に判断し、それから情をつける

ＰＨＰ研究所の経営を任されたのは、私が36歳のときであった。私はとても手に負えないと考え、一度は辞退した。しかし、松下幸之助の「まあ君、やってみいや」という再度の言葉に、「わかりました、やらせていただきます」と答えた。そのとき松下は「そうか、やってくれるか」と頷くと、ひと言だけアドバイスをしてくれた。

「君、これからはな、冷静に物事を考えて、それからそっと情をつけや」

この言葉は、私が経営を行う上での大きな指針となった。体験を経るにつれてわかってきたことだが、冷静にというのは、何ものにもとらわれず、素直に考えて判断し、行動せよということである。しかし、素直に冷静に考え行動するということは、必ずしも温かい判断、行動になるとは限らない。

例えば、全体のためにある人を切らなければならないときもある。その人に現職を退いてもらうわけである。そういうときには、気の毒だが断固として切らなければならない。

それをやらなければ、組織全体がどうにもならなくなってしまう。

「泣いて馬謖《ばしょく》を切る」という言葉がある。これは、蜀《しょく》の諸葛孔明《しょかつこうめい》が魏《ぎ》の国との戦争の折、「街亭《がいてい》の戦い」（228年）で、馬謖を指揮官に抜擢し、街亭を守り抜くように指示する。そして、「街に布陣し、決して山には登るな」と命じるが、その孔明の命令に反して、馬謖は山上に陣を敷く。自分は兵法に通じているという自負があったからだ。街亭に到着した魏軍は、山を包囲し、水の補給路を断った。馬謖の蜀軍は、当然渇きに苦しみ、士気が衰える。そこを見計らって魏軍が猛攻撃をしたから、蜀軍は堪らない。多くの犠牲者を出して、撤退を余儀なくされた。

「泣いて馬謖を切る」の解釈については諸説あるが、『三国志』（正史）によれば、諸葛孔明は馬謖を高く評価し、目をかけていたが、規律、命令を守らず、敗戦したということによって、私情を捨てて、涙を流しながら処刑したという故事である。

実際そういうことが、軍の場合だけではなく、いずれの場合にもある。経営においてはなおさらである。有能で、将来の幹部にと見込み、育てていた部下が、思いもよらぬ公序良俗に反するようなことをしでかす。あるいは、カラ出張をする。社費をごまかす。業者にバックリベートをさせる。

そのようなときにはやはり、冷静に判断し、冷静に対処しなければならない。長年の友達だとか、親戚だ、ましてわが子だ、だからここは目をつぶろうなどと見逃していると、やがて、その行為が社内に蔓延《まんえん》する。ああそうか、ああいうことをしても許されるのか、そういうことをしてもお咎《とが》めなしなのかと、ほかの社員たちも思う。思って、同じようなことをしだす。

経営者自身も同じこと。赤字経営を3年も5年も続けながらその席に居座る。冷静に判断すれば、当然その責任をとって辞任すべきである。しかし、辞任しない。そうなれば、社員たちも真剣さを喪失する。ああ、赤字を出しても責任をとらなくていいのか。ならば、われわれも目標を達成しなくても責任をとる必要はないんだなと思う。そうなれば、社員は緊張感など持つはずもなく、社内には怠慢の空気が充満する。

やはりまず、「冷静に判断すること」という、松下の言葉の重さがわかる。

しかし、そういうときにも、その人のそれまでの働き、努力に対してどれほどの感謝の気持ち、情を持てるかどうか。「泣いて馬謖を切る」の「泣いて」があるかどうかである。そういう温かな配慮がなければ、切ったこと、辞めてもらうことが全体のためにもならないし、その人のためにもならない。それだけでなく、経営者自身も恨みを買うだけということになる。

経営を進めていくときに大事なのは、事にあたって、①まず冷静に判断することである。

そのうえで、②情を添えて、実践実行することである。すなわち、「冷静に判断→情を添える。そして、断固実践実行」。この順番をわきまえておかなければ、失敗する危険性が非常に高くなるだろう。

「情で判断し、情で決断する」、あるいは、「情で判断し、冷静に判断する」では、事の決定がいい加減になるから、不規律な事態を招くだろう。また、「冷静に判断し、冷静に実行する」となれば、今度は冷酷無比と社員から思われてしまう。うちの経営者は冷酷無比な人だと噂され、社内に恐怖心をばらまくだけということになる。

やるべきはやる。冷静に、すなわち、素直な心で、こだわらず、偏らず、とらわれず、何が正しいのか、どうすることが正しいのかをまず考える。実行する。しかしそれだけではなく、その後、そっと心を添える、そっと情をつける。気配りをする。そういうことが極めて経営者としての大事な条件の一つであると思う。

「冷静に物事を考えて、それからそっと情をつけや」という松下の言葉は、私の34年間の経営者としての心構えとなっただけでなく、人生の心構えにもなっている。

## 松下幸之助は、衆知を集めて危機を克服してきた

多くの人の知恵を集める「衆知」という知恵は、何も松下幸之助の専売特許ではない。604年、推古《すいこ》12年に聖徳太子が制定した「十七条憲法」は、多くの人たちが承知している。しかし、その内容を承知しているというのは、大抵、その第一条にある「以和為貴」、すなわち「和を以て貴しと為す」ということだけではないかと思う。

ましてや、十七条全文を読み通した人は多分、それほど多くはいないのではないか。だが、その全文を精読すれば、松下の思想との類似点を容易に理解することができるだろう。言い換えれば、松下の哲学、思想には、聖徳太子から流れている、いや、その聖徳太子もまた、それまでの日本人に連綿として流れていた考え方、思想のDNAを下敷きにして、改めて「十七条憲法」をまとめたと言えるだろう。

詳細は紙幅の関係で論ずることはできないが、その第十七条に、「夫事不可獨斷。必與衆宜論」、すなわち「それ事は独り断《さだ》むべからず。必ず衆《もろもろ》とともに論《あげつら》ふべし」とある。要は、

松下の言うところの「衆知」ということである。

これは明治維新のとき、明治元年（1868）に、明治天皇がお示しになった政府の基本方針である「五箇条の御誓文」の最初の一条「広ク会議ヲ興シ万機公論ニ決スヘシ」（広く会議を開いて、何事も人々の意見を聞いて、政治を行うようにすべき）、ということ。明治天皇もまた、多くの人々の知恵を集めよと言われている。

衆知を集めるということは、一貫して日本人のDNAとして流れ、受け継がれている。だから、松下も日本の伝統精神の一つとして、「衆知」を挙げている（『日本と日本人について』）。従って、「衆知を集めること」をしないとすれば、それは極論すれば、「日本人らしくない」とまで言えるかもしれない。

もう一つ、松下独自の発想から「衆知を集めることが大事」の理由はこうだ。松下は、自分で構築確立した「根源の哲学」から導き出される「人間観」を持っていた。すなわち、「人間は偉大な存在」「人間は万物の王者」という人間観。だから、人間が偉大な本質を発揮していくうえで大事なことは、「衆知を集めるということだ」と松下は言う。換言すれば、人間、いかに王者であろうと、一人ひとりの自分の知恵だけにとらわれてものを考え、事を処そうとしてはならないということである。

人間一人ひとりの知恵というものは、たとえどんなに優れた人であったとしても、神様ではないのだから、おのずと限界というものがある。その限りある知恵で、ものを見たり考えたりしたのでは、物事の実相を十分に見極められないから、当然、往々にして過ちを犯す結果に終わってしまう。

人間が個々の小さな知恵才覚にとらわれて歩めば、その結果は惨めなものになるのは必定だろう。たとえば一つの思想、一つの考えだけを絶対に正しいものと考え、他を非難、排撃し、互いに相争うといった姿は、その典型的なものだ。

人間がその偉大な本質を正しく発揮し、幸せを逐次高めていくためには、何よりも、お互い王者として他者を尊重しつつ、多くの人々の知恵を集めていかなくてはならない。そこに個々の知恵を超えた優れた知恵、すなわち高い衆知が生み出され、それによって正しい道を求めていくことができる。

人間は少しでも真の王者に近づくために、さまざまな場において、お互いに自己の利害得失や感情にとらわれることなく、素直な心をもって意見を交わし、衆知を集めていくことを心掛けるようにしなくてはならないのである。そう松下は考えた。

要は、衆知を集めることを実践し、また、繰り返し繰り返し、その重要性を強調してやまなかったのは、一つに、日本人としての伝統精神の一つである「衆知」、すなわち、「事を独断で決めず、必ず多くの人たちの意見に耳を傾ける」というDNAを受け継いでいたこと、そして、松下自身が考え抜いて構築した「根源の哲学」から導き出された必然の帰結であったことからだと思う。

コロナ禍はまだ完全な出口は見えていない。多くの経営者が、ひょっとすると絶望のふちに立っているかもしれない。

しかし、そういうときにこそ、日本の伝統精神を旨として、また、松下の「根源の哲学」に立って、「多くの人から知恵を求める」「多くの仲間から知恵を借りる」ことを心掛けてみてもいいのではないか。

問題を抱え込み、独り断ずるのではなく、社員に率直に相談する、そして提案してもらう。また、多くの人から知恵をもらう、アドバイスをもらうことを心掛ける。それができないなら、日本の伝統精神も理解していないし、松下の「根源の哲学」も知らないということになろう。

松下は衆知を集めて、何度も困難、苦境を脱し、乗り越えてきたことを知っておいてほしい。

# これからの経営者の武器は何か

技術が人間を超える、その時期が2045年だと昨今、喧《かまびす》しく語られている。言うところの「テクニカル・シンギュラリティ（技術的特異点）」である。一瞬で、目の前の風景がまったく予想だにしなかったものに変わるようなことが、これから日常茶飯事に起こってくるだろうという。

もともと人間は、人間が快適に生活するために、その技術科学の開発に取り組み、都度、人々に驚きと便利を提供してきた。ただ、今回は「エクスポネンシャル（指数関数的）」に技術が加速することによってもたらされるインパクトが大きい、ということは理解しておく必要がある。

これからの「技術」はわずか1年、いや、1ヵ月でも過ぎれば「死ぬ運命」にある。まさに「技術は蝉《せみ》の一生」。すなわち、蝉は地中で3~17年といわれているが、地中から出ると、わずか7日間、長くて1ヵ月である。「最新の技術」も、それが実用化するために数年、数十年かかるにしても、いったん製品として顕在化した途端に極めて短期間、いや、短時間のうちに「死」を迎えるということである。

それでは、そういう「技術瞬変の時代」の中で、経営者、上司はどう対応していくべきかを考えるとき、もはや技術論や理論で社員、部下を組織し、統率し、牽引していくことは不可能であるということである。経営者が、あるいは上司が、相手は新入社員だから、あるいは部下だからといって、自分が持っている知識、あるいは技術的知識を振りかざし、侮り甘く見ると、とんでもないしっぺ返し、取り返しのつかない事態に陥る可能性が大きいということを、よくよく心得ておくべきであろう。

これは少し前の話だが、ある大学のゼミの研究発表のとき、一人の学生がパワーポイントを使って、その成果を発表した。発表を終えたところで、指導教授がもう一度パワーポイントを映させながら厳しく指摘した。

「君の説明の、そこの考えは間違っている。そのようなことはどの学者も言っていないし、私も君の考えには賛成しかねる。そこはもう一度考え直すように」

そう指摘すると、学生は怪訝《けげん》そうな顔をして、教授に尋ね返した。

「先生は今、どの学者も言っていないと言われましたが、このような説はハーバード大学の某博士も言っていることで、インターネットに掲載されています」

学生がそう言うと、ゼミは静まり返り、先生は真っ青になったという話がある。

先日も、ある若い父親から話を聞いたが、小学6年生の息子の授業参観日に出かけたが、理科の授業で、稲の生育の過程を先生が教えていた。と、突然一人の生徒が「先生、米はどこから日本に来たのですか」と質問したという。先生は、不意打ちの質問に動揺を隠しながら、「そういう授業ではありません」と言うと、ほかの一人の生徒が「先生、Googleで検索したら、米は中国の雲南省《うんなん》が発祥の地で、そこから順繰りに日本に伝わってきたと載っていました」と話したらしい。聞いて、私もへぇと感心しましたが、このごろの子供は生意気ですよと、その父親は苦笑していた。まして、これからはこれ以上のエピソードが語られることになるだろう。

昔は経営者や上司の「強さ」の一つは情報で、社員や部下を圧倒していたことであった。社員や部下の知らないことを、経営者や上司は知っていた。だから、社員も部下も経営者や上司に敬意を払った。

しかし、今日のような、誰でもが情報を簡単に入手できる「AＩレベルの情報化社会」になると、もう「最新技術」や「情報」や「知識」で、社員や部下を圧倒することができなくなってきた。いわんや、エクスポネンシャルで変化が加速する「テクニカル・シンギュラリティ」を目前にした今日においては、自分のほうが知識、情報において優れているなど思い上がっている経営者や上司は、経営者たる、上司たる資格はないだろう。

要は、経営者が、上司が、社員や部下の先頭に立って歩いていけるかどうかということである。これからの社会、これからの時代においては、おそらく99％の経営者や上司が「過去の知識」「自分にとっての最新情報」で、社員や部下の先頭を歩くということは不可能だろう。

これからは若い人、新入社員ほど、新しい技術を知り、その操作を習得しているというケースが当たり前となる。しかも、そのような社員や部下の数がはるかに多い。力のある経営者、上司であればあるほど、その認識を十分に持つ必要があるのではないかと思う。

したがって、一言で言えば、これからの経営者、上司が持つべき「武器」は、「人間的魅力」ということ。換言すれば、「人間的魅力」、すなわち「人徳」で組織、部門をまとめ、牽引していく以外にはないということである。経営者、上司自らが一見古いと思われがちなことかもしれないが、そのことを自覚しておく必要があるのではないだろうか。

本書は、時局社の『時局』に連載されている「松下幸之助直伝　経営者心得帖」を基に、加筆修正し編集したものです。

## 松下幸之助（まつした・こうのすけ）

1894 ～ 1989

松下電器産業株式会社（現・Panasonic）創業者。昭和を代表する経営者。

父親が米相場で失敗し、小学校4年で中退。一家10人は離散。本人は、大阪商人のメッカ・船場で火鉢屋、自転車屋で丁稚奉公。15歳のとき、大阪の市電を見て、これからは電気の時代と直感。23歳で起業。蒲柳の質であったため、静養しながら、事業部制で経営を展開。また、某宗教本山に案内され、「産業人の使命」を悟り、その使命感をもとに、経営を展開したことはあまりにも有名である。ゼロから出発した会社を70年間で7兆円の企業に育て上げ、世界を驚かせた。とりわけアメリカの学者たちは、競って「松下幸之助」を取り上げた。また、アジア各国の経営者たちは、「松下電器」「松下幸之助の経営」を手本とした。また、独自の「人間観」を樹立し、思考の核心的哲学である「人間皆偉大」「人間大事」を主張した。1946年にPHP研究所を設立し、その活動を通して、社会啓蒙活動を展開。さらには、1979年、松下政経塾を設立し、政治家養成に取り組むなど、文化的活動も行った。アメリカの『ライフ』誌は、「最高の産業人」「最高所得者」「雑誌発行者」「ベストセラー作家」「思想家」として、1964年9月に紹介している。勲一等旭日桐花大綬章、勲一等旭日大綬章、勲二等旭日重光章、勲一等瑞宝章、紺綬褒章、藍綬褒章、また、海外からも多数受賞している。多数の著作を残しているが、『人間を考える』『道をひらく』（共にPHP研究所）などは、現在でも多くの人たちに愛読されている。

## 著者紹介

# 江口克彦（えぐち・かつひこ）

（株）江口オフィス代表取締役。一般財団法人東アジア情勢研究会理事長、台北駐日経済文化代表処顧問等、昭和15年名古屋市生まれ。慶應義塾大学法学部政治学科卒。政治学士、経済学博士（中央大学）。また、PHP総合研究所社長、松下電器産業株式会社理事、参議院議員、内閣官房道州制ビジョン懇談会座長など政府委員会を多数歴任。

旭日中綬章、文化庁長官表彰、台湾・紫色大綬景星勲章、台湾・国際報道文化賞等。

故・松下幸之助氏の最後の直弟子とも側近とも言われている。23年間、ほとんど毎日毎晩、松下氏と語り合い、直接、指導を受けた。松下幸之助思想の継承者、伝承者。松下氏の言葉を伝えるだけでなく、その心を伝える講演、著作は定評がある。

著書に、『松下幸之助の神言葉50』『松下幸之助のリーダー学』（以上、アスコム刊）、『最後の弟子が松下幸之助から学んだ経営の鉄則』（フォレスト出版）、『松下幸之助はなぜ成功したのか』『ひとことの力―松下幸之助の言葉』『部下論』『上司力20』（以上、東洋経済新報社）、『凡々たる非凡』（H&I）、『人間偉大なるもの』『松翁論語』（PHP研究所）、『松下幸之助に学ぶ　部下がついてくる叱り方』（方丈社）、『地域主権型道州制の総合研究』（中央大学出版部）、『こうすれば日本はよくなる』（自由国民社）など多数。

松下幸之助直伝

# 社長の心得

最後の弟子が身近で学んだ
成功する「経営者」のあるべき姿

2023年9月5日　初版第1刷発行

著　者……江口克彦

発行者……池田圭子

発行所……笠間書院

〒101-0064 東京都千代田区神田猿楽町2-2-3
電話 03-3295-1331　FAX 03-3294-0996

編集協力……友文社
装幀・デザイン・DTP……石神正人(DAY)
印刷・製本……大日本印刷

乱丁・落丁本は送料弊社負担でお取替えいたします。
お手数ですが、弊社営業部にお送りください。
本書の無断複写、複製は著作権法上での例外を除き禁じられています。
https://kasamashoin.jp

ISBN 978-4-305-70993-6
© Katsuhiko Eguchi, 2023